jacqueline kahuna
Energien der Emotionen 1

**Dieses Werk widme ich
mit größter Hingabe Euch,
die Ihr tief im Innersten wisst, was wahr und richtig ist,
und jeden Moment dieses Lebens die Möglichkeit habt,
eine neue freudvolle Entscheidung für einen
harmonischen Lebensweg zu treffen!**

jacqueline kahuna

Energien der Emotionen 1

Hintergründe unserer Emotionen und wie
wir immer in Harmonie mit ihnen leben können

Artha

ISBN 3-89575-132-4
978-3-89575-132-5
1. Auflage
Copyright by Artha Verlag
D 87466 Oy-Mittelberg

Alle Rechte, auch die des auszugsweisen Nachdrucks, der fotomechanischen Wiedergabe, der Übersetzung oder der Einspeicherung und Verarbeitung in elektronische Systeme vorbehalten. Die Ratschläge in diesem Buch sind von der Autorin und vom Verlag sorgfältig erwogen und geprüft, dennoch kann eine Garantie nicht übernommen werden. Eine Haftung der Autorin bzw. des Verlags und seiner Beauftragten für Personen, Sach- und Vermögensschäden ist ausgeschlossen. Absicht der Autorin ist es, zum Nachdenken anzuregen und sich mehr mit den eigenen Emotionen und ihren Hintergründen auseinander zu setzen. Die Autorin gibt keine medizinischen Ratschläge. Sie empfiehlt, bei physischen oder psychischen Herausforderungen den/die entsprechende/n Facharzt/Fachärztin zu konsultieren. Das vorliegende Werk bietet eine Fülle von Ideen, um mit sich selbst in näheren Austausch zu gelangen.

Umschlag: WUnderlmediaDesign
Bild am Cover: jaqueline kahuna
(„Sommer der Lebensfreude öffnet unser Herz für die Schönheiten des Lebens")
Lektorat: Sonja Fischer
Gestaltung und Layout: Rolf Mihm
Internet Autorin: www.energy-training-treatment.com
Internet Verlag: www.artha.de
Druck: Steinmeier, Nördlingen

Inhalt

Einleitung 7

1 Energie-Blocker 8
Gestaute Energien in einer Minute zum Fließen bringen!

2 Energie des Selbstbewusstseins 18
Über die tiefen Geheimnisse eines gesunden Selbstwertgefühls!

3 Energie der Schuldgefühle, Ängste und Sorgen 28
Wie diese Energien positiv aktiviert werden können!

4 Energie des Verlustes 41
Welche wertvollen Erkenntnisse gelangen durch Verluste an die Oberfläche?

5 Energie der Loslösung 45
Der Weg in die individuelle Freiheit und zu neuem Lebensgenuss!

6 Energie der Erwartung und Erfüllung 51
Verborgene Perspektiven führen uns zu Zufriedenheit und Glück!

7 Energie der Veränderung 57
Wie leicht wir unseren Charakter positiv stärken können!

8 Energie der Hingabe und Offenheit 66
Geborgenheit im wilden Fluss des Lebens finden!

9 Energie geistiger Familien 76
Warum wir sie brauchen und wie wir sie finden!

10 Ablenkungs-Energien 83
Warum wir diese wertvollen Hinweistafeln zu unserem Nutzen einsetzen sollten!

11 Energetische Partner 89
Geheimrezepte für den Aufbau aufrichtiger Beziehungen!

12 Energie des Todes 102
Wie wir mit dieser Energie konstruktiv umgehen können!

13 Energie der Sicherheit 108
Warum die Energie der Sicherheit mit unseren
Liebesenergien verbunden ist!

14 Energie der Kontrolle 115
Verstehen und transformieren dieser versteckten Energie!

15 Energie der Intuition 124
Warum sie uns täglich Lebensfreude und Intensität schenkt!

Einleitung

Wir wissen viel zu viel! Informationen überfluten uns wie ein Platzregen und unsere Gehirnzellen werden täglich mehr strapaziert. In unserem Dasein ist kein Verweilen eingeplant, kein Moment des Innehaltens, es rasen Gedanken wie Hochgeschwindigkeitszüge in alle Himmelsrichtungen davon und benebeln unser wertvolles Leben, schenken uns nicht einmal das, was wir vom Leben erhoffen!

Woran liegt diese Reizüberflutung, dieses mehr und mehr wissen zu wollen? Wünschen wir uns manchmal eine Pause? Vielleicht einmal für mehrere Monate auf eine Insel, ohne Computer, technische Geräte, ohne Telefon, einmal nicht erreichbar sein? Die rasende Welt mit Termindruck und Perfektionismus hinter sich lassen. Kann ein Ausstieg eine **Alternative** sein? Oder würden wir den Ausstieg benutzen, um unsere Gewohnheiten zu ändern, um dann ein genussreiches, harmonisches Leben zu führen?

Sehnen wir uns nach einem Gefühl der **Harmonie**, des **Glücklichseins** und der inneren Ausgeglichenheit? Hegen wir diesen Wunsch einmal im Monat, jede Woche, täglich, mehrmals täglich?

Dieses Werk ist als **Nachschlagewerk** und **Lektüre** gedacht. Halten Sie in schwierigen Situationen kurz inne und öffnen Sie dieses Buch, vertiefen Sie sich für einen Moment nur in eine der beschriebenen Energien! In diesen Minuten werden Sie zu einer Insel gebracht, die Ihnen die Möglichkeit gibt **Klarheit** zu erlangen, Klarheit über die bestimmte Situation, Klarheit in Bezug auf sich selbst und Klarheit in Bezug auf Ihre individuellen **freudvollen Möglichkeiten**. Schrittweise steigen Sie in eine neue Welt ein, eine Welt des Verstehens, zuerst der eigenen Energien und dann der Energien, die Sie umgeben. Durch das Erfassen der unterschiedlichen Energien beginnen Sie langsam etwas in sich zu verändern, zu transformieren. Dadurch werden alte Muster abgestreift und neue positive Muster entworfen.

Täglich Inspiration tanken, Ideen gebären, dazu ein kleiner Ratgeber, der Sie liebevoll begleitet, um Unterstützung im spannend wilden und feurigen Fluss des Lebens zu geben.

Energie-Blocker
Gestaute Energien in einer Minute zum Fließen bringen!

Im dritten Jahrtausend, dem Zeitalter der rasenden Geschwindigkeit in allen Lebensbereichen, sind wir oft und gerne bereit, die rascheste, zur Verfügung stehende Antwort auf unsere Fragen als Wahrheit zu akzeptieren. Das scheint auf den ersten Blick zuverlässig und unser Verstand ist uns dankbar für eine baldige Erklärung. Es mag sich im Moment richtig anfühlen und uns das Gefühl geben, wieder ein Thema abgehakt zu haben, um gleich zum nächsten Thema überzugehen. So waten wir mit unglaublicher Präzision von einem Sumpf zum anderen, vergessen dabei aber oft dessen niedrige Temperatur und holen uns leicht kalte Füße.

Diese kalten Füße zeigen sich auf der äußerlichen Ebene als plausibel erklärbare Krankheiten, hervorgerufen durch Viren, Bakterien, Unfälle, Zufälle oder ähnliches. Es geht schon wieder ein Virus um, die Grippewelle ist im Anrollen. Diese klare und eindeutige Aussage wird von jedem sofort akzeptiert, als das 'Warum' für den plötzlichen Wandel unserer täglichen Routine. Wir ziehen uns vom Alltag zurück, erliegen unserer Krankheit, sie blockiert uns von den Schönheiten des Lebens und verhindert, dass wir uns von unserer Lebensfreude berauschen lassen.

Wie sieht eine derartige Blockade aus energetischer Sicht aus? Welche Mechanismen verbergen sich dahinter? Können wir diese Mechanismen bewusst beeinflussen und, wenn ja, durch welche Aktivitäten und Prozesse?

Die Energie der Sonnenwärme akzeptieren wir gerne als nicht sichtbare, aber spürbare, angenehme oder sogar heiße Energieströmung. Im Winter wünschen wir uns oft stärkere Sonneneinstrahlung und im Sommer ist es uns manchmal zu heiß. Wärme, Hitze und Kälte durchströmen unseren Körper in wechselnder Reihenfolge den ganzen Tag. Vergleichen wir nun das unvorstellbar große und heiße Energie-

---
Raum für Notizen

zentrum der Sonne mit unserem Körper, können wir feststellen, dass hier gewisse ähnliche Abläufe stattfinden. Die Sonne produziert Wärme und Licht. Unser Körper produziert ebenfalls Wärme und Licht, welche in jeder Zelle gespeichert sind. Selbst während des Tages durchläuft der Körper warme, sogar heiße, kühle und kalte Phasen. Die Körpertemperatur jedoch ändert sich nur minimal. Aber dennoch ausreichend, um von uns als angenehm oder unangenehm wahrgenommen zu werden.

Angenehme Wärme lässt nicht nur unser Gemüt aufheitern, sondern erhöht auch die Durchflussmenge des Blutes in unseren Blutgefäßen. Ist es kalt, passiert das Gegenteil: es ziehen sich die Muskeln und Blutgefäße zusammen und die warme rote Substanz fließt mit verminderter Geschwindigkeit. Was hier fließt, betrachten wir als den roten Strom des Lebens, Blut, und dieses ist eine Form verdichteter Energie. Jede Form der Materie ist in ihrem ursprünglichen Zustand eine ganz bestimmte Energie, die sich ausweiten, zusammenziehen, verdichten, neu formen und auch individuell verändern kann. Je intensiver Energie sich verdichtet, desto größer ist die Wahrscheinlichkeit, dass greifbare Materie sich bildet und vor unseren Augen sichtbar wird. Vergleichen wir das Verdichten mit dem Bau eines schönen Gebäudes. Der Bauherr vertraut einem Architekten seine Wünsche an und dieser beginnt vor seinem geistigen Auge zu planen. Bis zu diesem Zeitpunkt sieht noch niemand eine Skizze, einen Plan oder ein Modell. Aber im Kopf des Planers beginnt es zu arbeiten, bald nimmt er ein Stück Papier und beginnt seine Entwurfsphase. Jetzt wird zum ersten Mal auch anderen Personen die geistige Arbeit des Architekten sichtbar gemacht. Bis zu diesem Zeitpunkt ist aber schon reichlich Energie geflossen, gedankliche Energie, die nur unmanifestiert war. Mit dem Entschluss Papier und Bleistift zur Hand zu nehmen, beginnt diese feinstoffliche (= noch nicht manifestierte, aber sehr wohl vorhandene Energie) sich in grobstoffliche Materie umzuwandeln. Als nächster Schritt werden Details erarbeitet, Pläne erstellt und nach monatelanger Vorbereitungsarbeit kann mit dem

Raum für Notizen

Bau begonnen werden. Jetzt setzt die Phase der größten Verdichtung zur Materialisierung ein, denn die Wünsche des Bauherrn und des Architekten werden verwirklicht und jedem sichtbar gemacht, durch die Entstehung und Fertigstellung des Bauwerks.

Genau so einfach oder kompliziert kann jeder Gedanke umgewandelt, verdichtet und materialisiert werden. Schleppen wir Gedanken, Pläne, Ideen und unerfüllte Wünsche jahrelang mit uns herum und schaffen es nicht sie zu verdichten, sie also zu Materie werden zu lassen, sprich umzusetzen, und können diese Wünsche auch nicht wieder auflösen, so beginnen wir unsere Energien schrittweise zu blockieren. Kreisende Gedanken fressen unsere Energiepotentiale auf und können die Durchflussbahnen verengen oder sogar verstopfen. Wir merken dies besonders stark, wenn ein Problem tagelang in unserem Kopf kreist. Die Gedanken um dieses Problem laugen uns sprichwörtlich aus und wir fühlen uns kraftlos und leer. Es scheint, als drehen sich die Sätze wie ein Karussell im Kopf, aber es ist keine Lösung in Sicht. Um die Energie wieder flüssig zu machen, ist es unbedingt notwendig eine Entscheidung zu treffen. Selbst eine schlechte Entscheidung ist in solchen Situationen besser als keine, denn durch die täglich zunehmende Verengung der Energiekanäle wird die Problemstellung immer komplizierter, auswegloser und kräfteraubender. Durch eine Entscheidung können sich fast augenblicklich Blockaden etwas öffnen, wodurch Erleichterung eintritt, um weitere Schritte einzuleiten.

Jetzt können wir es aber erst gar nicht so weit kommen lassen, uns selbst unsere Energien zu blockieren, oder noch schlimmer, sie uns selbst zu stehlen. Vorbeugend handeln wir dann, wenn wir bereits vor dem Stocken der Energie erkennen, dass Veränderungen durchgeführt werden müssen, um die Energien flüssig zu halten. Dadurch verhindern wir das Entstehen von Blockaden. Betrachten wir rückwirkend und aufrichtig uns selbst gegenüber eine unserer letzten Herausforderungen, Schwierigkeiten, Probleme, so werden wir mit Erstaunen feststellen, dass 99,9% aller Probleme sich bereits Stun-

Raum für Notizen

den, Tage, Wochen oder sogar Monate im Voraus angekündigt haben. Zuerst zeigen sich sanfte Zeichen, die weder als unangenehm, noch als schmerzhaft empfunden werden. Und jetzt beobachten wir uns selbst! Wir erkennen diese Zeichen sogar, doch was tun wir? Als Belanglosigkeit werten wir diese wichtigen Merkmale ab. Wir beginnen also den Kopf in den Sand zu stecken und so zu tun, als ob nichts wäre. Wir trotten den ausgetretenen Pfad weiter und machen uns nicht einmal die Mühe an der nächsten Kreuzung zu überlegen, ob wir vielleicht einen anderen Weg einschlagen sollten. Haben wir uns schon einmal gefragt, weshalb wir den schlammigen Trampelpfad weiter waten, statt die Schnellstraße oder sogar Autobahn zu nehmen? Es kostet ein wenig Disziplin und Kraft einen neuen Weg zu probieren, aber der Effekt kann ungeheuer groß sein. Betrachten wir den dabei vollzogenen geistigen Vorgang nun einmal im Detail.

Aufgrund von Gedanken, die an uns vorbeifliegen, in uns eindringen oder aus unserer Mitte geboren werden, werden persönliche Wünsche erkannt – der Gedanke hakt sich fest und verankert sich im Herzen. Diese Wünsche bewegen uns zu bestimmten Handlungen. Jede oft ausgeführte Handlung wird zur Gewohnheit und diese Gewohnheiten bilden unseren Charakter. Sitzen wir täglich abends lieber vorm Fernseher, statt noch eine Stunde Bewegung in der freien Natur zu machen, so ist das nicht nur unsere Entscheidung, sondern es prägt auch auf sehr eindrucksvolle Weise unser Bewusstsein. Auch „nicht entscheiden" ist eine Entscheidung, eine passive Entscheidung, und kann uns in eine bremsende Energiestruktur führen.

Wir nehmen uns durch unser gemütliches „Gehen lassen" oder etwas direkter ausgedrückt unsere Faulheit, die wertvolle Freiheit förderliche und konstruktive Entscheidungen für unser Leben zu treffen. All unsere Entscheidungen sind von unserem Charakter eingefärbt. Durch diese vom Charakter geprägten Entscheidungen bestimmen wir unser Schicksal. Das bedeutet, dass jeder unserer Gedanken Einfluss auf unsere Bestimmung hat. Unser Schicksal ist nicht

---
Raum für Notizen

fremdbestimmt, es ist in allen Belangen von uns selbst gemacht und kann somit von uns selbst verändert werden. Betrachten wir als kleine Übung einmal den Fluss unserer Gedanken-Energie! Wie viele konstruktive, angenehme, positive, freudvolle Gedanken sind vorhanden? Betreiben wir etwa Gedanken-Hygiene, um uns immer im positiven Bereich zu bewegen oder überwiegen meistens die Sorgen, Nöte, Ängste, Schuldgefühle, Zweifel und Ärger? Dann brauchen wir uns nicht wundern, dass unsere Energien immer wieder, oft täglich, blockiert werden. Denn Ärger, Angst und Schuldgefühle, verengen unsere Energiekanäle und können zu energetischer Verstopfung führen. Andauernde Verstopfung der Energiebahnen kann zu Krankheiten und Verletzungen führen. Dadurch werden wir gezwungen, uns zurück zu ziehen um uns mit uns selbst zu beschäftigen. Krankheit bringt eine Pause vom Alltag. Diese Pause kann als willkommenes Geschenk oder als Störung empfunden werden, je nachdem mit welchen Augen wir sie betrachten. In dieser Phase finden wir ausreichend Zeit für uns und unsere Herausforderungen. Jeder versteht, dass wir uns nun von der Außenwelt distanzieren wollen. Diese Bearbeitung der Krankheit kann auf einer sehr unbewussten Ebene stattfinden, wobei der Genesungsprozess meist etwas länger dauert, oder auf einer sehr bewussten Ebene verläuft, wo wir mit Selbstbeobachtung, Selbstanalyse und Eigenkorrektur arbeiten.

Der Vorteil der bewussten Ebene birgt die Möglichkeit in sich, während der nächsten Herausforderung andere Entscheidungen im Voraus zu treffen (neue Herausforderungen kündigen sich immer, oft schon Monate zuvor, an!), da wir die Inhalte der letzten Problemstellung verstanden und in unser Leben integriert haben. Verarbeiten wir Probleme unbewusst, so können wir bei der nächsten Entscheidung wieder nur unseren alten Weg einschlagen, denn wir haben uns nicht dafür entschieden uns freiwillig zu verändern. Somit kann Krankheit uns sogar zur Freiheit führen, frei, uns immer wieder neu zu entscheiden. Wir sehen, dass beide Möglichkeiten der Verarbeitung von Herausforderungen Erleichterung bringen, aber es ist der bewusste

---
Raum für Notizen

Weg der uns langfristig im trockenen, angenehmen Bereich hält, während der unbewusste Weg uns kurzfristig Erleichterung gewährt, aber langfristig werden wir immer wieder im Sumpf frösteln.

Offensichtlich haben wir es uns zur Gewohnheit gemacht uns selbst zu bremsen, damit wir uns nicht wertvoll, nicht liebevoll, nicht selbstbewusst und nicht angenommen fühlen. Deshalb scheint es uns völlig normal mit angezogener Bremse und dadurch verursachten Blockaden zu leben. Das bedeutet, wir bremsen den natürlichen, schönen und freudvollen Fluss unseres Schicksals und rechnen mit Schwierigkeiten und Unannehmlichkeiten, statt in der Fülle der Möglichkeiten und konstruktiven positiven Aspekte eines erfüllten Lebens zu baden. Sehen wir aber Menschen, die sich mit Freude, Disziplin, Einfühlungsvermögen, Konsequenz, Bereitschaft zur ständigen Flexibilität, Selbstbewusstsein und der Umsetzung ihrer Talente einen Namen gemacht haben, so bewundern und verehren wir diese Persönlichkeiten, statt selbst auf diesem Weg der Selbstfindung und Umsetzung eigener Ideen voranzuschreiten. In uns allen schlummert einzigartiges Potential, das sehnsüchtig darauf wartet, geboren zu werden. Unsere Individualität ist so besonders strukturiert, dass sie mit nichts und niemandem vergleichbar wäre. Leben wir im Einklang mit unseren Fähigkeiten und Talenten, beneiden wir niemanden mehr, sondern fühlen uns in unserer eigenen Zufriedenheit geborgen.

Eine energetische Blockade kann sich als Geschenk oder Störung entpuppen. Als Geschenk betrachtet wird sie nur von Menschen, die sich mit Hingabe ihrem Innenleben und den spannenden Zusammenhängen darin befassen, wobei sie als Störung von jenen betrachtet wird, die sich nicht mit sich selbst und eigenen Energien auseinandersetzen wollen. In jedem Fall bringt sie Veränderung mit sich. Die Zellen unseres Körpers erneuern sich täglich milliardenfach, aber unsere Gedankenstrukturen wollen wir starr und unbeweglich halten. Wohin kann sich ein ständig verändernder Zellkörper mit einem starren Gedankengefüge entwickeln? Das Ergebnis mag Unkoordiniertheit und Zerrissenheit sein, denn wir wollen nicht den natürli-

Raum für Notizen

chen Gegebenheiten von Wandel, Erneuerung und Verfall folgen. Machen wir Platz für Neues, muss das Alte weichen. Die Bewegungen des Universums sind ein ständiges auf und ab, ein Geben und Nehmen, ein Schaffen und Zerstören, ein ewig währender Kreislauf von Leben und Tod. Genau das spielt sich auch täglich vor unseren Augen ab, in unserem Inneren. Zellen werden erneuert, Teile unserer Vorstellungen sterben ab, neuen Ideen wird Platz gemacht, konstruktive Prozesse lassen uns die Vielfalt des Lebens erahnen.

Oft haben wir großartige Ideen, sehen aber keine Möglichkeiten diese umzusetzen. Wir fühlen uns nicht imstande eine entsprechende Umgebung zu schaffen, die es uns erlaubt schöpferisch zu agieren. Gleichzeitig akzeptieren wir im Berufs- und Privatleben geistige und emotionale Unterforderung. Sowohl in unserem Berufs-, als auch Privatleben akzeptieren wir Umstände, die weit unter unseren geistigen, intellektuellen, und vor allem emotionalen Niveau liegen. Wir unterfordern unseren Körper mangels Freude an Bewegung. Diese Unterforderungen führen uns mit unglaublicher Zielsicherheit in energetische Blockaden, da wir unser Potential nicht ausschöpfen. Dadurch geben wir Energien keine Möglichkeit sich frei und flüssig zu bewegen und werden unzufrieden. Gestehen wir uns diese Unterforderung offen und ehrlich ein, planen konstruktive Veränderungen in unseren geistigen Strukturen und dem Tagesablauf, so setzen wir den ersten wesentlichen Schritt um neue Energien in uns frei zu schaufeln und somit bestehende Blockierungen zu lösen.

Die natürlichste Bewegung von Energie ist ein angenehmes und der jeweiligen Situation angepasstes, langsameres oder schnelleres Fließen. Im Zustand des Schlafens kann die Energie ausgeglichen und ruhig fließen. Bearbeiten intensive Träume das Bewusstsein und Unterbewusstsein, bewegen sich die Energien schneller. Im Wachzustand empfinden wir den schnelleren Energiefluss zum Beispiel während sportlicher Aktivitäten als angenehm, beim Lesen genießen wir langsame Energieströme. Energien sind im und um den Körper, ihre verdichtete Form ist der Körper selbst. Findet energetische Ver-

---

Raum für Notizen

dichtung statt und wird unerträglich für uns, weil wir mit unseren Gefühlen, Herausforderungen, Stress, Ängsten, Sorgen und Schuldgefühlen nicht harmonisierend umgehen, muss die überschüssige Energie sich dennoch ausdrücken. Es können sich zuerst energetische Knoten, Geschwüre, Zysten oder sonstige unerwünschte Verwachsungen bilden. Können diese energetischen Verdichtungen zu tatsächlichen Knoten, Geschwüren, Tumoren, Zysten im Körper führen? Entstehen auf diese Weise grobstoffliche nachweisbare Krankheiten? Entstehen Krankheiten im feinstofflichen Körper, im Lebensfeld, und gelangen erst dann zum Körper? Würde das bedeuten, dass der Ausbruch einer Krankheit schon lange zuvor im Energiefeld sichtbar wäre und schon hier bearbeitet werden könnte? Verdichtungen drücken das Vorhandensein von zuviel und zu lange gestauter Energie aus, wobei diese nun schulmedizinisch oder komplementärmedizinisch behandelt werden kann. Welche Methode ein Patient wählt, bleibt im individuellen Ermessen. Zu bedenken ist allerdings, dass als Unterstützung zur jeweiligen Therapie die eingehende Betrachtung von energetischen Blockaden, wie Unterforderung, nicht erreichten Lebenszielen, unerfüllten Wünschen, destruktiven Gedanken, physischen und emotionalen Belastungen wünschenswert wäre und einen effektiven Einfluss auf den Gesundungsprozess haben könnte. Beziehen wir die energetische Analyse in die Symptombeschreibung mit ein, könnte vielleicht schon zu einem frühen Zeitpunkt vorbeugend und unterstützend eingegriffen werden und in manchen Fällen das Schlimmste verhindert werden.

Die am weitesten verbreitete Blockade uns selbst und unseren Talenten gegenüber leben wir durch das Annehmen und Akzeptieren von Statistenrollen. Statisten spielen nur eine Nebenrolle im Film eines anderen, der wiederum in seinem Film die Hauptrolle einnimmt. So entwickelt es sich, dass auf einen Hauptdarsteller Millionen von Statisten fallen. Fallen, im wahrsten Sinne des Wortes, denn diese Nebendarsteller haben nur gemäß den Regieanweisungen Aufträge auszuführen und Befehle entgegenzunehmen, oder bestenfalls ei-

---
Raum für Notizen

nen eigenen kleinen Verantwortungsbereich zu übernehmen. Somit haben sich die Statisten selbst in die Grube fallen lassen, und sehen im Allgemeinen kaum Möglichkeiten diese zu verlassen. Das große Konzept über ihr Leben haben sie freiwillig in die Hände einer anderen Person gelegt und somit ihre Verantwortung abgegeben. Das Abgeben von Verantwortung scheint ein Gefühl der Sicherheit zu vermitteln, ein Schutz, der eine vordergründig angenehme Lösung simuliert. Erst durch unsere Unzufriedenheit macht sich bemerkbar, dass doch etwas nicht stimmt und wir gehen auf die Suche nach einem anderen Hauptdarsteller, in Form von Berufswechsel, Partnerwechsel, Übersiedlung, neuen Freizeitbeschäftigungen oder einfach dem Alltag durch eine Reise entfliehen.

Es liegt in der ureigenen Natur des Menschen die eigene Hauptrolle zu finden, zu leben und sich davon nicht mehr abbringen zu lassen. Nur ab und zu nehmen wir dann eine Mini-Statistenrolle in anderen Auftritten, zwecks Austausch und Beziehungsaufbau, an. Schon in frühen Jahren merkten wir all die Strapazen und Hindernisse bei der Umsetzung unserer Ideen. Unsere Eltern und Angehörigen haben klare, meist von unseren Plänen abweichende Vorstellungen und Wünsche für unsere Ausbildung. Lehrer erkennen wieder andere Fähigkeiten in uns, oder können uns nicht fördern. Wir sind zwischen unterschiedlichsten Meinungen hin und her gerissen worden. Meist ist uns nicht klar, was denn unsere innersten Wünsche und Talente sind. Dann suchen wir jahrelang sehnsüchtig und voll Verzweiflung die Quellen unseres Seins. Wir werden abgelenkt auf unserer Suche, nehmen neue Statistenrollen an und meinen nun endlich die erhoffte Veränderung im Leben gefunden zu haben, die uns glücklich macht. Doch schon nach einiger Zeit werden wir wieder von Zweifeln heimgesucht, sind unsicher über unsere Entscheidungen, vor allem aber erwarten wir uns mehr vom Leben, als es bisher gebracht hat. Innere Stärke, geistige Klarheit, ein gesundes Selbstwertgefühl, sowie Offenheit für Neues und Kreativität, all das können wir uns schrittweise erarbeiten, um dann durch innere Weisheit geführt, endlich unsere Hauptrolle zu erkennen und zu leben.

Raum für Notizen

Für dieses Leben haben wir, irgendwann vor langer Zeit, unser eigenes Buch geschrieben, ganz nach unseren Vorstellungen und Wünschen. Wahrscheinlich können wir uns jetzt nicht mehr daran erinnern. Wir sind hier geboren um Erfüllung, Zufriedenheit und Erkenntnis zu finden. Der erste Schritt zur Erfüllung liegt im aufrichtigen Betrachten von uns selbst, unseren Gewohnheiten, Wünschen, Unzulänglichkeiten und Bedürfnissen. Als nächsten Schritt beobachten wir unser Leben als einen Prozess, der uns immer wieder die Möglichkeit gibt weitere Talente freizulegen, um tiefer mit uns selbst in Kontakt zu kommen. Genau hier liegt die Schnittstelle, denn durch den nahen Kontakt mit unserem reichen Innenleben erhalten wir Information und Austausch über unsere meist verborgenen Eigenschaften. Wir haben ein Bild von uns, doch entspricht dieses in den meisten Fällen nicht unserer wahren Identität. Genau diese Identität wollen wir sehnsüchtig erfahren! Deshalb ist es so wesentlich Blockaden zu erkennen und aufzulösen. Diese Auflösung ist der Garant für ein erfülltes und freies Innenleben, voll Klarheit und Freude, Glück und Zufriedenheit!

Energie des Selbstbewusstseins
Über die tiefen Geheimnisse eines gesunden Selbstwertgefühls

In verschleierten Grauzonen bewegen wir uns, sobald wir beginnen uns mit unserem Selbstwertgefühl auseinander zu setzen. Wie ein Wald mit hohen Bäumen, wo kaum Sonnenstrahlen durchscheinen, umgeben uns geistige Absperrungen und lassen uns unseren wahren Wert weder erkennen noch erahnen. Die meisten Menschen verstecken sich hinter ihrem Schatten, um ja nicht entdeckt zu werden und geduldig den Tag abzuwarten, bis die Gefahr des erkannt werdens vorbei ist, die stockdunkle Nacht hereinbricht und dieser Schatten unseres Selbst ungehindert und scheinbar ungesehen seinen Tätigkeiten nachgeht. Oft mag die Frage gestellt werden, warum es so schwierig ist unseren Selbstwert zu bestimmen? Wir alle sind eine nie endende Quelle unbeschreiblich wertvoller Ressourcen, Eigenschaften und Fähigkeiten, mannigfaltig und belebend. Was hält uns wirklich davon ab, uns selbst nahe zu treten und diese Talente in vollem Umfang zu leben? Besonders in heiklen Situationen wünschen wir uns ein gesundes Selbstwertgefühl, spüren aber deutlich den Mangel an Vertrauen in uns und unsere Qualitäten. Kennen wir uns wirklich? Was hat „sich selbst kennen" mit Selbstwertgefühl zu tun? Je tiefer wir in unser inneres Wesen eindringen, je mehr wir zu uns selbst rücken, den schillernden Kern in uns, wie eine Zwiebel, Schicht für Schicht freilegen, desto klarer erkennen wir die Feinheiten unseres wahren Charakters. Durch diese feinfühlige Arbeit, gepaart mit einer großen Portion Aufrichtigkeit und Zähigkeit, wandern wir mit stetigem Schritt uns selbst entgegen. Und genau dieses sich selbst entgegen gehen stärkt uns auf allen Ebenen, geistig, intellektuell, selbst körperlich, denn wir leben nicht mehr erlernte Eigenschaften, sondern unsere eigenen. Das macht uns stark, willensstark und unabhängig. Der Berg der Selbst-Erkenntnis mag manchmal sehr steil und der Pfad schmal und abschüssig sein, einige Stellen scheinen schier unüberwindbar zu sein, dennoch spüren wir bei jedem Schritt

---
Raum für Notizen

eine noch nie zuvor erfahrene Erleichterung. Wir tragen tonnenweise Ballast in Form von falschen Vorstellungen über uns selbst herum, die unser Wohlbefinden und Selbstwertgefühl stark hinunter drücken. Erkenntnis über uns hilft, den schweren Ballast abzuwerfen, so wie ein Ballonfahrer Sandsäcke abwirft, um seine Höhe zu variieren. Steigen wir wie ein Ballonfahrer auf, richten unseren Körper wieder gerade, atmen tief durch und beginnen uns auf neuen Ebenen zu spüren. Lassen wir die dürren Äste unserer weit verzweigten Gedankenstruktur hinter uns, brechen wir sie mit Leichtigkeit ab, denn wir brauchen frisches, grünes, neues, belebendes Geäst, um uns jeden Tag aufs Neue zu entdecken. Das wird uns helfen den nächsten Schritt zu tun. Wo kein Leben drin ist, kann auch keine Freude wachsen. Nehmen wir uns heute die Freiheit, Energie in uns zu befreien und der unendlichen Vielfalt unserer Person zu begegnen, gönnen wir uns jetzt das kostbarste Gefühl unseres Lebens, nämlich glücklich zu sein.

Selbstwertgefühl und Glück stehen in sehr engem Zusammenhang und können sich gegenseitig befruchten. Leben wir unseren Selbstwert und lassen uns diesen weder ausreden noch nehmen, so fühlen wir uns zufrieden. Verachten wir unsere inneren Werte, indem wir sie verkümmern und absterben lassen, so werden wir vergeblich in der Welt nach Glück suchen. Alle Einkäufe, Reisen, Bestellungen und glitzernden Wertgegenstände verblassen matt, denn sie können oft nicht einmal eine zeitweilige Ersatzbefriedigung für unser Selbstwertgefühl sein. Sekunden nach dem Einkauf schleicht sich das Gefühl der Minderwertigkeit wieder ein. Eine minderwertige Energie? Können Energien minderwertig sein? Jede Energie hat ihre Berechtigung, sobald etwas vorhanden ist, hat es auch eine Daseinsberechtigung. Da alle Arten von Energien oft missbräuchlich und schlichtweg falsch eingesetzt werden, entsteht der Eindruck, dass die Energien schlecht oder negativ sind. Betrachten wir die Energien getrennt von ihrem Einsatz, so erkennen wir, dass selbst Dunkelheit ihre wichtigen Aspekte im Leben hat. Hinterfragen wir den Einsatz

---

Raum für Notizen

von Dunkelheit im Alltag, so verstehen wir rasch, wo eine Energie missbräuchlich eingesetzt wurde. Alle Formen von Energien können uns nützlich und dienlich sein, verstehen wir ihren Ursprung und ihre wahre Qualität.

Nur der Weg in uns hinein führt auch zu uns hin. Wir müssen allen Mut zusammen nehmen und die Leiter zu uns tragen, an unseren Körper anlehnen, um einen geeigneten Einstiegspunkt zu begutachten. Dieser wird sich leicht finden. Im Alltag, den täglichen winzigen Aufregungen und Mühseligkeiten, den Sorgen und Problemchen. Da können wir die Leiter anlehnen und ganz rasch ein Türchen zum Einsteigen finden. Nutzen wir die Chance der alltäglichen Herausforderungen, Leitern anzulehnen und Einstiege zu finden, wird es uns mit der Zeit immer leichter fallen einzusteigen, zu erkennen, zu verändern und dann wieder erfrischt die Leiter hinunter zu steigen. Wir können dankbar sein, mit Problemen konfrontiert zu werden, denn sie dienen, wenn wir sie richtig lösen und viel Erkenntnis daraus gewinnen, unser Selbstwertgefühl zu stärken. Dann können wir aufatmen, uns wirklich besser und erleichtert fühlen, manchmal sogar wie neu geboren.

In unseren zwei Händen liegt es, die eigene Individualität zu formen, nach unseren Vorstellungen, fernab gesellschaftlicher Dogmen, Vorschriften und gesellschaftlicher Zwänge. Formen wir schon zum Frühstück unser neu erwachendes Bewusstsein, lassen es bis zum Mittagessen ruhen und machen unsere täglichen Übungen am Nachmittag, so gestalten wir einen weiteren wertvollen Tag unseres Daseins. Sobald unsere Alarmglocken läuten, der Adrenalinspiegel steigt, sich die Nerven anspannen, sagt die nächste Übung „Guten Tag". Oft ohne Voranmeldung steht sie plötzlich mitten im Wohnzimmer unseres Herzens und macht uns darauf aufmerksam, behutsam mit dieser Privatsphäre umzugehen. Die Intuition arbeitet wie immer ruhig und gelassen, aber der wilde Geist und der Intellekt wollen sich austoben. Wer gewinnt die Oberhand, Intuition oder Intellekt? Jetzt heißt es aufpassen und ehrlich in uns zu blicken, verhalten wir uns

Raum für Notizen

noch immer stereotyp, wie wir es vor Jahrzehnten gelernt und seitdem nicht verlernt haben, oder haben wir schon ein bisschen an uns gebastelt, wenden wir uns in die neue ausgesuchte Richtung, wie zum Beispiel statt ärgern verstehen, oder statt immer lauter werdender Worte schweigen. Jede Situation beinhaltet eine ganz besonders auf uns abgestimmte Übung, ob sie uns gefällt oder nicht, sie gibt uns die große Macht unser Leben aktiv und bewusst zu lenken. Das ist der Moment inne zu halten und nochmals nach Innen zu hören, bevor wir in die Schlacht der Worte und Verteidigungen übergehen. Wir lenken uns selbst. Je stärker eine Person mit sich im Einklang ist, desto intensiver und klarer lenkt sie sich. Menschen, die sich von anderen gelenkt fühlen, nutzen nur ihr Potenzial nicht, sich neu zu entscheiden und diese Entscheidung auch umzusetzen. Die dafür erforderliche Disziplin schenkt uns der Intellekt, denn er hat perfekte Anweisungen von unserer Intuition erhalten, um uns zu formen und den Berg zu erklimmen. Füllen wir den Tag mit dem innigen Wunsch emotional zu reifen und zu wachsen, wird in uns das Gefühl des Selbstwertes mit jedem Tag intensiver und beginnt sich im Alltag zu integrieren. Wir können durch unsere bewussten Entscheidungen und Handlungen einen Beitrag für unsere Neuausrichtung geben. Die Quadratur des Kreises erfinden wir nicht jeden Tag, auch wenn manche Tage mehr als einen Spagat benötigen, um bewältigt zu werden.

Begrüßen wir beim Aufwachen den Tag mit Dankbarkeit, dass wir den letzten, trotz atemberaubender Berg- und Talfahrten, gut und sogar heil überstanden haben, wird auch das unser Selbstwertgefühl stärken, denn wir stehen zu uns und unseren Gefühlen. Dankbarkeit uns selbst gegenüber bedeutet, sich mit seinen Gefühlen zu verbinden und nicht ihnen auszuweichen. Anderen Menschen und Situationen auszuweichen mag manchmal nötig sein um Energien einzusparen, aber uns selbst sollten wir niemals ausweichen. Genau das Gegenteil sollten wir praktizieren, wir sollten uns mit uns selbst konfrontieren, ständig, alle Seiten unserer Persönlichkeit beleuchten, nichts unbearbeitet lassen, dann wird sich die Spannung eines Aben-

---
Raum für Notizen

teuers einstellen. Das Abenteuer das Leben heißt und in winzigen Alltags-Details Erfüllung findet. Kennen wir erst einmal Teile unseres Selbstwertgefühles, ist es ein kleiner Schritt Selbstbewusstsein zu leben. Der Selbstwert liegt verborgen im Inneren, wie in einer Muschel, tief am Meeresgrund. Eine kostbare Perle, die uns viel Freude und Harmonie schenken kann. Das Selbstbewusstsein tragen wir nach außen, es ist der sichtbare Teil des Selbstwertes.

Wir alle wollen ein gesundes Selbstbewusstsein besitzen, ein Gespür für die richtigen Entscheidungen haben, uns immer durch die richtig gewählten Worte vertreten und Erfolg/Siefolg haben, bei allem was wir tun. Durch natürliches Selbstbewusstsein tragen wir unsere Eigenschaften nach außen, präsentieren unseren Charakter und kommunizieren unsere Identität.

Die Arbeit am Selbstbewusstsein birgt viel intensive Introspektive, die nicht immer angenehm und lustvoll ist. Klarheit über den eigenen inneren Kern besitzen, bedeutet vorerst die unterschiedlichen Ebenen dieses geheimnisvollen Kerns zu erkennen. Für alle sichtbar ist unser physischer Körper mit seinen besonderen individuellen Merkmalen. Weniger oder für die meisten nicht sichtbar sind der geistige Körper, der emotionale Körper, der gesamte energetische Körper. Bei den nicht sichtbaren Körpern sprechen wir von feinstofflicher Ebene, der physische Körper kann als grobstofflich bezeichnet werden. Wir wissen heute aus der Quantenphysik, dass auch dieser Körper nur eine Verdichtung von Lichtenergie darstellt, die das Auge noch in einzelnen Impulsen wahrnehmen kann, aber unser Gehirn nur mehr als ein Ganzes, nicht als seine Einzelteile, wahrnimmt. Somit birgt jede Zelle Unmengen von Lichtenergie, die allerdings von dunkler Energie bedeckt sein kann. Diese dunklen Flecken auf unseren hellen Zellen sind nur zeitweilige, nicht dauerhafte, Abdeckungen unseres klaren Verstehens und Wahrnehmens. Das Bewusstsein wiederum wird geformt aufgrund unserer Wünsche und Entscheidungen. Jeder Gedanke, bei dem wir verweilen, jedes Wort, das wir aussprechen, jede Handlung, die wir ausführen, wird von

---
Raum für Notizen

unseren Wünschen und den dazugehörigen Entscheidungen getragen. Selbst wenn Schicksalsschläge, traurige Ereignisse, emotionale Schocks oder gravierende destruktive Veränderungen in unserem Leben stattfinden, können wir davon ausgehen, dass sie aufgrund bestimmter Muster, die in unserem feinstofflichen Körper verankert sind, auftreten. Nichts tritt ohne Vorwarnung oder aus dem Nichts auf. Wir tragen einige Zeit diese Ereignisse mit uns herum, bevor sie im Außen als Tatsache sichtbar werden. Alles im Leben hat Vorbereitung, Sinn und verknüpft sich auf vielschichtige Weise innerhalb des Mini-Kosmos jeder Person, ob Mann, Frau oder Kind, jung oder alt.

Menschen, die einen Zugang zu feinstofflichen Ebenen haben und diese „wahrnehmen, sehen oder spüren" können, vermögen manches im Vorhinein „vorauszusagen". Sie verstehen worauf zu achten ist. Das ist die beste Vorsorge und Vorbeugung, denn wir haben die Möglichkeit unsere Gedankenmuster zu verändern, damit es erst gar nicht zu Krankheiten und Unfällen oder anderen prekären Situationen kommt. Dafür ist es notwenig mit Aufrichtigkeit sich selbst zu beobachten. Jede schmerzhafte Erfahrung gibt uns die Chance zur Veränderung. Jede Veränderung bringt uns näher zu unserem inneren Kern, der aus wertvollen Teilaspekten von Verstehen, Wahrheit und Liebe besteht. Somit sind Krankheit, Schmerz, Unfall sinnvoll. Wir sollten aber den Sinn dahinter verstehen, denn sonst kann die Prozedur einer Krankheit sinnlos werden. Ein altes indianisches Sprichwort besagt: „….nehmen wir dem Schmerz den Sinn, ist der Schmerz wertlos geworden".

Verstehen wir den Schmerz nicht, wird er zur Zeitverschwendung und er kommt, noch dazu, immer wieder. In andere Gewänder verpackt oder sogar nackt, aber mit dem gleichen Inhalt: lerne dich selbst zu verstehen! Gehe auf Dich selbst zu! Lass Dich auf Dich ein und genieße Dich als das, was Du bist! Ein wertvolles wunderbares Wesen mit ganz besonderen Eigenschaften und Qualitäten. Sei stolz auf Dich! Du bist auf dem richtigen Weg und hast schon eine bedeutende Strecke zurückgelegt!

Raum für Notizen

Nun haben wir die Wahl uns unseren Schmerz auf tieferen Ebenen anzusehen, ihn zu analysieren und zu erkennen als das, was er ist. Er ist nur ein Mittel zum Zweck, um zu verstehen. Unsere wahre Natur zu verstehen. Oft wird die Frage gestellt, warum wir den Schmerz benötigen, um uns weiter zu entwickeln. Tatsächlich brauchen wir ihn nicht, nur legen die meisten keinen Wert darauf sich weiter zu entwickeln, wenn es ihnen gut geht, sie wollen dann keine Veränderungen vornehmen, wollen nur konstant bleiben. Ein zweiter Grund mögen Bedeckungen sein, augenscheinliche Wahrheiten nicht als solche erkennen zu wollen. Wir konnten uns nicht vorstellen, wie bedeckt und unbewusst das Leben auf dem Planeten Erde ist und haben uns freiwillig zu einer Expedition hierher gewagt. Erst jetzt verstehen wir, wie viele dicke und dunkle Schichten wir akzeptieren mussten, um einen Körper zu erhalten, welcher der Lebenssituation auf der Erde angepasst ist. Schmerz gibt uns dann die Möglichkeit wesentlich rascher auf diese Bedeckungen aufmerksam zu werden und sich von diesen dunklen dicken Übermänteln zu befreien. Durch Schmerz können wir unsere Aufmerksamkeit gezielter auf unsere Schwachstellen lenken und sofort daran zu arbeiten beginnen. Durch den Schmerz benötigen wir keine Zwischenschritte mehr. So unglaublich es klingt, aber die Arbeit am Schmerz macht uns frei. Frei von Belastungen, alten Strukturen, die im feinstofflichen Körper eingebrannt sind und frei von Vorstellungen, die uns behindern unseren individuellen Weg zu gehen.

Immer wieder werden wir aufgefordert diesen sensiblen, aber effektiv arbeitenden energetischen Körper um uns zu betrachten. Der Grund ist jedes Mal derselbe. Herauszufinden, wer wir eigentlich wirklich sind. Aus welcher Substanz wir bestehen und welche besonderen Fähigkeiten und Talente wir besitzen!

Können wir durch unseren Verstand ein nahes Verhältnis zu uns schaffen? Oder benötigen wir eine wesentlich flexiblere und intensivere Vorgehensweise? Wer kennt uns am Besten?

Raum für Notizen

Angeblich können unsere Gefühle in der gleichen Zeit wesentlich mehr Informationen verarbeiten, als der verhältnismäßig langsam arbeitende Verstand. Füttern wir Gefühl und Verstand mit der gleichen Menge an Daten, so wird das Gefühl diese in wesentlich kürzerer Zeit verarbeitet und sortiert haben. So hat es die Wissenschaft herausgefunden. Der Verstand scheint bei der individuellen Datenverarbeitung eine untergeordnete Rolle zu spielen. Außerdem soll all unser Wissen in den Gefühlen gespeichert sein. Welche Bedeutung hat dann aber unser Verstand?

Der Verstand bildet die Verbindung zwischen Gefühlen und Verstehen, von unserem Umfeld, vor allem aber von uns selbst. Der im Kopf eingespeicherte Vorrat an Informationen kann und soll den Gefühlen als Unterstützung dienen. Der Verstand formt die Gefühle in Worte und gibt den Gefühlen Bedeutung, Sinn, und vor allem die Möglichkeit, sich mit anderen Personen verbal auszutauschen. Denn erst durch diesen Austausch werden wir zu dem, was wir sind, Teil einer Gruppe und doch individuell verschieden. Erst die Beziehung zu anderen ermöglicht uns eine tiefere Sichtweise über unser eigenes Wesen. Aber echter Austausch wird erst durch das 'Fließenlassen' von Emotionen möglich. Wollen wir aber nur Informationen vom Verstand abrufen, gleichen wir einem Computer, der mechanisch Daten bearbeitet, sortiert und weiterleitet. Eine Kopf-zu-Kopf Konversation, kann mit der emotionslosen Kommunikation zwischen zwei Computern verglichen werden.

Der Zugriff zum Verstand ist Chance und Gefahr zugleich. Die Chance besteht im umfassenden Transformieren des Wissens der Intuition, die Gefahr aber besteht darin, sich nur mit winzig kleinen Ausschnitten zu befassen, und das weite Ganze, Übergeordnete zu vernachlässigen. Um das Ganze von uns selbst zu erfassen, ist es notwendig mit unseren Gefühlen in Kontakt zu bleiben und regen Austausch zu genießen. Nur so kann garantiert werden, dass wir unsere Individualität immer intensiver leben und nicht aufgesetzte Masken oder ausgeborgte Rollen als Realität annehmen. Trennen wir uns

---
Raum für Notizen

somit von unseren wertvollen Gefühlen, schneiden wir uns ab - vom Fluss des Lebens, vom unendlichen Genuss, den uns jede Minute des Daseins schenken will. Benutzen wir den Verstand getrennt, beginnt unser Leben in vielen Bereichen ohne Freude abzulaufen. Wir werden vielleicht immer unzufriedener, merken anfangs nicht, warum, und schieben schließlich die Schuld für unsere Unausgeglichenheit einem anderen Menschen zu. Wir beschuldigen andere für unsere Unzulänglichkeiten. Mit Schuldzuweisungen bestreiten wir den einfachsten Weg, der uns leider tief in die Sackgasse persönlicher Beziehungen führt. Noch bedenklicher ist es allerdings, wenn wir diese Gefühle des Unwohlseins, mangels gelebter Gefühle, mit übersteigerter Aktivität auszugleichen versuchen. So begeben wir uns in den Kreislauf von künstlichem Wohlgefühl, das ständig durch neue Aktivitäten genährt wird, während die wahren Gefühle im Untergrund vertrocknen. In diesem Fall lenken wir von unserem wahren Wesen ab, erfahren einen beschränkten Genuss und begnügen uns mit 10% unseres Freudenpotentials. Schade, denn wir alle können aus dem Vollen schöpfen, täglich aufs Neue, ohne Begrenzung, denn unsere Begrenzungen sind nur im Kopf gemacht. Lassen wir uns nur von unserem geprägten Verstand leiten, werden wir eher ein Leben mit Pflichten, Belastungen, Schwierigkeiten, Problemen, emotionaler Kälte und Begrenzungen akzeptieren, da wir nichts anderes gewohnt sind. Menschen, die ihre Emotionen gesund entwickelt haben, können aufgrund ihres Urteilsvermögens klarer und rascher Entscheidungen treffen, die auf lange Sicht nicht nur ein Wohlgefühl, sondern auch viel Freude, Gesundheit, Klarheit und Ausgeglichenheit bringen.

Umso klarer und präziser wir mit unseren Gefühlen umgehen, desto tiefer dringen wir in unsere Persönlichkeit ein. Je intensiver wir mit unserer Persönlichkeit verbunden sind und je durchsichtiger wir diese Persönlichkeit nach außen leben, desto stärker wird unser Selbstbewusstsein aktiviert. Selbstbewusstsein ist der nach außen gerichtete Ausdruck von innerer Klarheit über persönliche Individualität.

Raum für Notizen

Dadurch wird uns erst auf eindrucksvolle Weise bewusst, wie stark wir von unseren Gefühlen geleitet werden. Jetzt erkennen wir auch, warum es für ein gesundes Selbstwertgefühl unumgänglich ist in ständiger Kommunikation mit unseren inneren Welten zu stehen.

Selbstbewusstsein drückt unseren Selbst-Wert aus. Erst zu diesem Zeitpunkt, wenn wir unsere Werte kennen und diese nach außen präsentieren, werden wir mit Menschen in Kontakt kommen, die uns das Herz richtig wärmen. Wir erkennen plötzlich, welche Beziehungen, Freundschaften und Bündnisse nicht auf der Grundlage innerster Wahrheit geknüpft sind, aber als Brücke dorthin gedient haben. Es fällt uns plötzlich leicht die Vergangenheit hinter uns zu lassen, um neue eindrucksvolle Wege zu beschreiten.

Sind wir auf bescheidene Weise unabhängig von den Meinungen anderer, so ist das ein markantes Merkmal sein Selbstbewusstsein zu leben. Selbstbewusstsein ist gekennzeichnet durch unser Sein-Gefühl, frei von äußeren Umständen. Selbstbewusstsein ist gekennzeichnet durch Freiheit im Umgang mit sich und hat auch viel mit sanft gelebter Disziplin zu tun. Es hat nichts mit Selbstherrlichkeit und Arroganz zu tun, es ist keine Gleichgültigkeit zu anderen, sondern echtes Verstehen im Umgang mit anderen Personen. Wir identifizieren uns nicht mehr mit dem Urteil anderer. Ein Streit entsteht immer dann, wenn wir uns mit den Vorwürfen eines mehr oder weniger nahestehenden Menschen identifizieren. Wir nehmen die Realität des anderen als unsere eigene an und empfinden Schmerz, Unbehagen oder fühlen uns angegriffen. Kennen wir unseren Selbstwert, besteht keine Notwendigkeit die Realität anderer als eigene zu übernehmen. Somit bleiben wir auch ausgeglichen und stärken unser Selbstbewusstsein.

Energie der Schuldgefühle, Ängste und Sorgen
Wie diese Energien positiv aktiviert werden können!

Nicht einmal nahestehenden Familienmitgliedern wollen wir zugeben, dass uns Ängste oft tage- und wochenlang quälen. Schlaflose Nächte, kreisende Gedanken tagaus, tagein, keine Lösung und kein Ende in Sicht. Ängste sind zu einem so großen Bestandteil des Lebens geworden, dass es uns schon vollkommen normal erscheint, sie auf der täglichen Agenda zu haben. Vielleicht würde uns ohne Ängste etwas fehlen, würden wir uns nicht ganz richtig fühlen? Und die meisten behaupten sogar gar keine Ängste zu haben! Der Verdrängungsmechanismus funktioniert perfekt. Manche Menschen meinen, dass ohne negative Erlebnisse die positiven nicht so leuchtend hervorstechen würden. Aber wenn schon Vergleiche anstellen, warum dann nicht zwischen zwei wohltuenden Erlebnissen? Denn jeder Gedanke an eine Sache bildet einen Fluss von Energie in genau diese Richtung, unabhängig davon, ob der Gedanke förderlich oder zerstörerisch war, positiv oder negativ. Deshalb ist es so wichtig sich mit seinen Gedanken auseinander zu setzen. Wir sind es, die unaufhörlich Energie in verschiedene Himmelsrichtungen senden. Manchmal merken wir auch einen Mangel an Kraft, wir fühlen uns leer und benötigen dringend Zeit, um unsere Batterien aufzuladen. Dann wieder fühlen wir einen Überschuss an Energie und wissen nicht wie wir diesen Überschuss förderlich für unser Körper-Geist-Seele-System einsetzen. Die Energien im grobstofflichen und feinstofflichen Körper auf harmonische Weise zu balancieren ist eine große Kunst, kann schrittweise erlernt werden und benötigt regelmäßige Übung. Dadurch erfahren wir alle Facetten unseres Energiehaushaltes, lernen die unterschiedlichen Energieströmungen kennen, beginnen Energien bewusst in verschiedene Richtungen zu lenken.

Vielleicht sollten wir uns die Frage stellen, warum wir die Bereitschaft zur Angst in uns tragen? Angst oder Urangst, ein Gefühl nicht beste-

---
Raum für Notizen

hen zu können, etwas nicht schaffen oder erreichen zu können, Mangel an Vertrauen, Mangel an Selbstbewusstsein, das Gefühl zu minderwertig zu sein, keine Anerkennung zu erhalten, die Aufgabenstellungen des Lebens nicht zu bewerkstelligen begleiten uns ein Leben lang. Dennoch können wir uns herantasten und lernen mit diesen tiefen Emotionen umzugehen. Es gibt aber auch andere Formen, wie zum Beispiel Angst, die der Liebe entspringt, wenn wir fürchten einen geliebten Menschen zu verlieren.

Angst entspringt der Gegenwart, sie ist im Moment präsent und kann nur durch ein klares Verstehen ihrer Wurzeln aufgelöst werden. Angst zeigt uns nur eine Chance auf, dass wir jetzt, in diesem Moment neue Akzente in unser Leben einfließen lassen können. Nehmen wir diese mutig wahr, so beginnen wir den Fluss des Lebens in jeder Handlung zu erspüren, fühlen uns getragen vom Leben und kämpfen nicht mehr dagegen an. Genau genommen leben wir nur in der Gegenwart, im Hier und Jetzt, das beinhaltet die Möglichkeit zur Veränderung, eine Richtungsänderung in unserem Denken und danach im Handeln herbeizuführen. Somit können wir uns entscheiden, der Angst mutig und entschlossen entgegen zu treten und beweisen ihr damit gleichzeitig unser Durchsetzungsvermögen. Sie ist ein Spiegel unseres Selbst. Sind wir uns bewusst, dass es eigentlich unsere Bereitschaft zur Angst ist, die uns Furcht einjagt, so können wir sofort einen Entscheidungsprozess einleiten. Wir entscheiden uns bewusst mit der Angst zu arbeiten. Sie ist nur eine Energie, die den menschlichen Geist und Körper benötigt, um Ausdruck zu finden. Wir haben die Wahl diese Energie durch uns wirken zu lassen, oder sie einfach wegzuschicken. Dann verschwindet sie auch. Da Angst der Gegenwart entspringt, kann sie sofort bearbeitet und aufgelöst werden. Es ist eine Frage unseres Willens und Könnens mit Angst umzugehen, und nicht eine Frage der Abhängigkeit von anderen Personen.

Schuldgefühle betreffen bereits durchlebte Ängste aus der Vergangenheit, die noch immer in die Gegenwart wirken und nicht abgeschlossen oder aufgelöst sind. Wir haben uns mit den Ängsten aus

---
Raum für Notizen

der Vergangenheit so stark identifiziert, dass wir selbst nach Jahrzehnten uns noch schuldig fühlen für Handlungen, die nicht mehr in unserem Einflussbereich liegen oder nie in unserem Einflussbereich gelegen sind.

Vor einiger Zeit wurde in einer österreichischen Kleinstadt ein kleiner Junge von einem Lastwagen überfahren. Die Mutter ging mit ihren Kindern ordnungsgemäß über den Zebrastreifen, der Lastwagenfahrer wartete bis die Familie auf dem anderen Gehsteig angekommen war und fuhr dann los. Der Bub setzte sich auf sein Rad, kam vom Gehsteig ab und fiel unter die hinteren Räder des Lastwagens. Er war sofort tot. Wer ist schuld? Die Mutter hat sich ordnungsgemäß verhalten und der LKW-Fahrer auch. Dennoch ist ein furchtbares Unglück geschehen und wir suchen verzweifelt einen Schuldigen. Wahrscheinlich wird sich die Mutter Vorwürfe machen und sich fragen, warum sie gerade dort gegangen ist. Wäre sie nur wenige Minuten vorher oder nachher gekommen, wäre ihr Kind noch am Leben. Der Fahrer wird sich Vorwürfe machen, und beide zusammen werden von großen Schuldgefühlen für viele Jahre gepeinigt werden. Es war ein Schicksalsschlag, plötzlich und scheinbar unvorhersehbar, verbunden mit viel Traurigkeit. Dennoch helfen uns in diesen und vielen anderen Situationen weder die Suche nach einem Schuldigen, noch Schuldgefühle weiter. Es gibt Situationen im Leben, die verlangen danach angenommen zu werden. Sich schuldig fühlen häuft unglaubliche Lasten auf unsere Schultern, drückt uns nieder, macht unseren Rücken gebeugt und führt in keinem Fall zu einer konstruktiven Lösung.

Schuldgefühle binden uns an vergangene Ereignisse und besetzen den Platz für neue schöne Erlebnisse. Sie binden damit unsere Kraft, unsere Energie-Ströme, und lassen uns nicht die Schönheit der Gegenwart erleben. Aufgrund dieser Bindungen beginnen wir mehr in der Vergangenheit zu leben, als die Gegenwart aktiv zu gestalten. Wir denken in Sätzen, wie: Was wäre wenn .... nicht gewesen wäre? Wie hätte ich es verhindern können? Warum habe ich nicht anders gehandelt?

Raum für Notizen

Wir können die Vergangenheit nicht ungeschehen machen, aber wir können unsere Gegenwart so leben, dass unsere Zukunft freudvoll und harmonisch verläuft. Willst Du über Deine Zukunft Bescheid wissen, so betrachte Deine Gegenwart! Ohne mystische Kristallkugel erkennen wir sehr klar, welche Gedanken und Handlungen uns eine glückliche Zukunft bringen und welche sich in ein unerwünschtes Schicksal verwandeln.

Ist es nicht viel einfacher mit dem Finger auf einen Schuldigen zu zeigen und damit von sich selbst abzulenken? Hier erkennen wir zwei Mechanismen. Erstens die Ablenkungs-Energien und zweitens die Suche im Außen nach einer Antwort oder Wahrheit. Selbst wenn wir es gewohnt sind intensiv an uns zu arbeiten, so ertappen wir uns immer wieder dabei, Gründe außerhalb unseres Einflussbereiches für eigene Unzulänglichkeiten zu suchen. Wir sind es gewohnt Verantwortung abzuschieben und deshalb fallen uns Schuldzuweisungen so leicht. Aber damit ist die Sache noch lange nicht vom Tisch, auch wenn wir uns im Moment erleichtert fühlen. Mit Schuldzuweisungen beginnen wir einen Kreislauf von verborgenen, unterschwelligen Schuldgefühlen, denn im Unterbewusstsein wissen wir, dass unser Verhalten gegen unsere Wahrheit gearbeitet hat. Wenn wir uns schuldig fühlen, aber keine Anstrengung machen mit diesen Emotionen zu arbeiten, dann wird der einfachste Weg gewählt, nämlich Schuldige um uns herum zu suchen. Und die sind sofort auffindbar. Frei von bewussten und unbewussten Schuldgefühlen werden wir nur durch mutiges Hinschauen, Wahrnehmen und dem Treffen einer neuen Entscheidung. Somit können wir alte belastende Energien reinigen und frische neue Energieströme willkommen heißen. Jahrtausende sind wir durch Schuldgefühle klein gemacht worden. Man hat uns eingeredet wir wären schuldig und müssten uns frei kaufen oder frei arbeiten, Buße tun. Diese bewussten Schuldzuweisungen scheinen in unseren Genen eingraviert und belasten unser Gewissen schwer. Unbewusste Schuldzuweisungen erkennen wir an den Reaktionen der anderen Menschen. Fühlen sie sich angegriffen oder versuchen sie sich zu verteidigen? Eine Überprüfung unseres Gefühls und Ver-

---
Raum für Notizen

ständnisses für diese Personen kann dann Aufschluss darüber geben, wie wir wirklich zu dieser Person stehen. Denn die Menschen um uns herum machen, was wir von ihnen erwarten. Wer am stärksten die Erwartungen anderer spürt wird sie ausführen. Wer Schwingungen mit größter Erwartung aussendet setzt sich durch. Die schwächere Energie weicht der Stärkeren. Besonders an unseren Kindern erkennen wir unsere eigene Erwartungshaltung. Denn Kinder machen meist nicht, was wir ihnen sagen, sondern was wir von ihnen erwarten. Kinder handeln aus dem Gefühl. Sie spüren die wahre Botschaft der Worte und verlassen sich auf die Richtigkeit der Gefühle und sind völlig erstaunt, wenn sie zurechtgewiesen werden, weil sie mehr auf die Emotionen in der Botschaft gehört haben, als auf den Sinn der Worte. Kinder verlassen sich auf ihr inneres Gefühl für Richtigkeit, ihre Intuition.

Unbewusste Schuldzuweisungen sind vom Verstand verdrängt, also nicht mehr bewusst existent, leben aber in den Gefühlen munter weiter. Sie kommen immer wieder in unterschiedlicher Verkleidung an die Oberfläche und sind oft nur schwer zu entlarven.

Ein gut inszeniertes Ablenkungsmanöver von eigenen, oft unnötigen Schuldgefühlen, mag diese Schuldzuweisung sein. Dadurch fühlen wir uns erleichtert und haben gleichzeitig die Verantwortung scheinbar erfolgreich abgegeben. Gleichzeitig mag sich ein innerliches Nagen an unserem Gewissen bemerkbar machen, das sofort durch logische Erklärungen scheinbar vernichtet wird.

Schuldgefühle signalisieren in uns das Gefühl nicht gut genug zu sein, nicht leistungsstark oder wertvoll zu sein. Aus unverständlichen Gründen haben wir es als normal akzeptiert uns minderwertig zu fühlen, meist ist es uns nicht bewusst, wir merken es nur an unseren Handlungen. Selten finden wir Menschen mit einem gesunden natürlichen Selbstwertgefühl. Leider werden diese interessanten Persönlichkeiten oft von ihren Mitmenschen als überheblich eingestuft. Somit wird das Minderwertigkeitsgefühl und die künstliche Aufgeblasen-

---

Raum für Notizen

heit gefördert, statt des aufrichtigen Selbstwertgefühls, das sich gut anfühlt, Beständigkeit hat und Harmonie fördert.

Befallen uns Schuldgefühle, müsste es doch leicht sein uns selbst zu verzeihen. Kaum jemand hat uns darauf aufmerksam gemacht, dass wir uns nur selbst zu vergeben haben für unsere Handlungen, Worte und Gedanken. Sobald wir denken, dass wir jemand anderem vergeben müssen, beschuldigen wir damit eine Person Unrecht getan zu haben und verknoten uns in den Kreislauf von Schuldzuweisungen und eigener Opferhaltungen. Wir beginnen zu verstehen, dass unsere Handlungen immer nur in unserem Verantwortungsbereich liegen und wir uns selbst Angenehmes oder Unangenehmes tun. Unangenehmes kommt nicht von außen, wir tragen es so lange in unserem Lebensfeld spazieren, bis es sich im Außen manifestiert. Jede Handlung hat zumindest eine Motivation und stellt meist eine Verknüpfung komplizierter Umstände dar. Mehrere Personen sind involviert, Traditionen und Bräuche, das Umfeld prägt unser Gefühl von Richtig und Falsch, aber auch Meinungen von sogenannten Autoritäten. Aber wo sind wir in diesem Spiel? Was ist unsere Meinung zu diesem Thema? Bis wir uns aus der Fremdbestimmung herauslösen, oder gar merken wie fremdbestimmt wir sind, vergehen oft Jahre oder sogar Jahrzehnte. Teenager haben hier einen wesentlich natürlicheren Zugang und wehren sich grundsätzlich gegen viele eingesessene Traditionen. Vielleicht sollten wir zu manchen Themen mehr auf unsere jungen Leute hören! Sie sind noch in Kontakt mit natürlichen Empfindungen, offen für Neues und interessiert, Veränderungen herbeizuführen. Anstatt den einen oder anderen Vorschlag von unseren Teenagern anzunehmen und umzusetzen, treten wir in Kampfposition mit den jungen Leuten. Das scheint der Weg der Erwachsenen zu sein. Statt Veränderungen in Betracht zu ziehen, reagieren sie mit ängstlicher Abwehr und zerstören damit nicht nur ihre wertvolle Beziehung zu ihren Kindern, sondern töten auch in sich selbst einen Teil ab. Wir bekämpfen Veränderung, statt sie ernsthaft in Betracht zu ziehen. Wir bekämpfen den 'Feind' im Außen, statt

---
Raum für Notizen

uns selbst in unserer Vielseitigkeit anzunehmen. Und durch diesen Kampf, oft wird er noch unfair geführt, entstehen wieder Schuldgefühle in uns, weil wir genau wissen, dass auch Teenager wertvolle Sichtweisen besitzen und es sinnvoll wäre sie mit Respekt und Achtung zu behandeln.

Gerade um unseren Nachwuchs machen wir uns viele Sorgen, denn Kinder sind intensiv damit beschäftigt ihren persönlichen Weg und Lebensstil zu finden. Und der entspricht meistens nicht den Vorstellungen der älteren Generation. Einfühlungsvermögen, Geduld und Unterstützung können hier wahre Wunder wirken. Wenn Kinder sich von klein auf beschützt und angenommen fühlen, dann werden sie auch in der Pubertät in Harmonie mit ihren Eltern leben wollen. Leider gibt es in unserer 'zivilisierten' Welt oft große Herausforderungen mit heranwachsenden Kindern. Warum kämpfen wir gegen den Lebensstil des Teenagers? Erinnert es uns an die eigene Zeit des Heranwachsens? Die Polaritäten von Kampf gegen Teenager und Sorge um seine Kinder widersprechen sich.

Sorge bezieht sich auf ein Ereignis in der Zukunft, das noch nicht eingetreten ist, aber das wir vorsorglich mit Ängsten aus der Gegenwart bestrahlen. Dann dürfen wir uns auch nicht wundern, wenn unsere Sorgen sich eines Tages als Realität manifestieren. Sie tun das nicht, weil wir schon wussten, dass etwas schief gehen wird, sondern weil wir jetzt fest daran glauben, dass es nicht gut gehen wird. Haben wir und alle beteiligten Personen die Überzeugung gewonnen ein Ereignis in der Zukunft als positiv und konstruktiv zu beurteilen, dann wird es auch so sein. Wir manifestieren mit unseren Gedanken unsere Zukunft und sind dafür auch voll verantwortlich. Es ist bewiesen, dass übermäßiges Sorgen die Ursache vieler Krankheiten ist. So hat zum Beispiel der Arzt von John D. Rockefeller seinem Patienten verordnet sich nicht soviel zu sorgen, regelmäßig zu essen, reichlich Spaziergänge zu machen und Verantwortung aus seinen Firmen zu delegieren. Da es John damals gesundheitlich sehr

---
Raum für Notizen

schlecht ging, nahm er die Empfehlung seines Arztes sehr genau, hielt sich daran und bald schon ging es ihm wesentlich besser.

Sorgen blockieren nicht nur unsere emotionale, sondern auch unsere intellektuelle Kapazität, können sie fast auf Null reduzieren. Sorgen können uns auffressen. Dadurch erkennen wir weder den Sinn der Ängste um unsere Zukunft, noch können wir den jetzigen Moment genießen. Interessant zu beobachten ist auch, dass wir wesentlich williger sind destruktive Gedankenstrukturen zu akzeptieren als Muster die förderlich, angenehm und konstruktiv sind. Beobachten wir unseren Austausch mit Personen und Informationen genauer. Wie gehen wir damit um? Sind wir eher misstrauisch und übervorsichtig eingestellt gegenüber unserer Umwelt, oder begrüßen wir Neuerungen mit offenen Armen und lassen alles an uns heran kommen, ohne abzuwerten und abzuwehren? Stellen wir uns dazu eine Situation aus unserem Privat- oder Berufsleben vor, die in jüngerer Vergangenheit stattfand und eine massive Veränderung in unserem Denken, oder sogar in unserem Umfeld, darstellte. Wie haben wir reagiert? Waren wir offen, oder hatten wir sofort abwertende Beurteilungen zur Hand? Diese Beurteilungen und das damit verbundene nicht Abwarten können, welche Entwicklungen aus den Veränderungen entstehen, bewirkt in uns automatisch einen Prozess, wo die natürliche Konsequenz die Sorge um unsere emotionale Existenz ist.

Sorgen können uns martern, quälen und schlaflose Nächte bereiten. Betrachten wir den Inhalt der Sorge näher, so werden wir feststellen, dass es sich um Ereignisse handelt, die noch nicht eingetreten sind und somit haben wir jetzt die Wahl diese negativen, ängstlichen Gedanken durch positive, konstruktive Bilder in unserem Kopf zu ersetzen. Es ist nur ein Akt des Willens und unserer Disziplin. Jedes Mal, wenn wir uns sorgen, könnten wir eindeutig freudvolle Akzente setzen und uns auf unseren intuitiven Selbstschutz verlassen.

Geht es um Veränderungen in unseren wesentlichsten Bereichen, nämlich Privat- und Berufsleben, dann wird in uns das Gefühl der emotionalen Notlage meistens auf unbewusster Ebene aktiviert. Oft

Raum für Notizen

fällt uns das nicht auf, da wir es in den Untergrund schieben, und so emotional starr werden. Im Äußeren mögen wir um eine Sache kämpfen, uns verteidigen, etwas für uns gewinnen wollen, und, innerlich alarmiert, auch andere Personen miteinbeziehen. In Wahrheit zeigt dieser Kampf, dass wir bemüht sind unsere emotionale Existenz wieder ins Gleichgewicht zu bringen. Der Kampf im Außen signalisiert nur die Zerrissenheit im Inneren. Mit Gewalt versuchen wir etwas, oft nicht einmal genau definiertes, an uns zu reißen, und hoffen damit, Energie, Kraft, Inspiration für uns zu gewinnen. Aber diese Rechnung geht niemals auf. Weil wir noch kaum andere Wege kennen, versuchen wir auf der äußeren Ebene Terrain zu erobern und verschwenden meist kostbare Energie für wertlose Machtkämpfe, die niemand gewinnen kann. Selbst ein scheinbarer Gewinner wird in so einem Spiel letztendlich zum Verlierer, da es nicht um Austausch, sondern um die Gewinnsucht und Gier ging. Sucht repräsentiert eine Suche und diese kann in einem Machtkampf nicht erfolgreich sein. Suche wird erst von Erfolg gekrönt sein, wenn wir unsere inneren Kammern mit einem leuchtenden Schlüssel aufsperren, knarrende Türen schwungvoll öffnen und endlich Luft, Licht, Freude und Klarheit in diese Kammern dringen lassen. So kann unsere Sucht, sprich Suche, zufriedenstellend transformiert werden und endlich das gewünschte Ergebnis bringen.

Nehmen wir uns die Zeit, um unseren Schuldgefühlen tiefer auf den Grund zu gehen. Wir können anhand unserer Motivation eindeutig erkennen, ob es sich um „echte" Schuld handelt oder um angelernte Schuldgefühle. Nach dem Gesetz ist Schuld eindeutig definiert als eine vorsätzliche, manchmal auch Affekt-Handlung mit dem Ziel jemandem zu schaden. Die echte Schuld wird, selbst, wenn uns niemand beobachtet hat und wir nicht zur Rechenschaft gezogen werden, von den Naturgesetzen bearbeitet. Ein altes Sprichwort sagt: „Wie wir in den Wald hineinrufen, so wird es zurückhallen". Jede Handlung hinterlässt ein energetisches Echo. Wir brauchen niemals den Richter spielen. Somit verbinden wir uns auch nicht mit diesen

---
Raum für Notizen

Energien, vermischen nicht unser eigenes Schicksal mit dem anderer Lebewesen. Manchmal sehen wir nach Jahren, dass eine Person, die uns früher Schwierigkeiten gemacht hat, nun mit denselben Schwierigkeiten zu arbeiten hat. Die Zeit arbeitet immer für uns, ob auf angenehme oder unangenehme Weise, deshalb ist die genaue Betrachtung unserer Gedanken und Handlungen von unschätzbarem Wert für eine Zukunft in Freude und Harmonie.

Schwieriger gestaltet sich das Verstehen von erlernten Schuldgefühlen. Diese scheinen wir ansatzweise bereits in unseren Genen mitbekommen zu haben. Oft sind erlernte Schuldgefühle gesellschaftsfähig geworden. Wir fühlen uns schuldig, weil wir unserer kreativen Ader folgen, einen Beruf wählen, der von der Verwandtschaft nicht akzeptiert wird oder weil wir nicht die Meinung der Masse vertreten.

Ein Ehepaar lässt sich scheiden. Während der Ehe hatte einer der beiden Partner ein Affäre. Kann man bei Untreue wirklich von Schuld sprechen? Wo haben sich die Ehepartner selbst betrogen? Wie lange hat es in der Ehe gekriselt, bis sich Untreue eingestellt hat? Wurde Krisenintervention betrieben? Sind die deutlichen Zeichen des Auseinanderlebens von beiden Seiten ignoriert worden? Ist die Bereitschaft zur Beziehungs-Arbeit von beiden Seiten vorhanden gewesen? Oder können gute Gefühle durch ehrlichen Umgang zwischen Ex-Gattin und Ex-Gatten gefördert werden? Ist es nicht ehrlicher sich zu trennen, wenn man keine Lösungsmöglichkeiten mehr erkennt, statt in einer monotonen Ehe - bis dass der Tod euch scheidet - zu bleiben? Versuchen Sie diese Fragen für sich selbst, ehrlich und so objektiv wie möglich zu beantworten.

Oft empfinden wir Schuldgefühle, wenn in uns das Gefühl des Versagens nagt. Meist verlaufen Schuldgefühle unbewusst, doch durch einen Unfall oder eine Krankheit wird es dann ans Tageslicht gebracht und offensichtlich. Ein Unfall wird sich eher bei Machern, proaktiven Personen ereignen, wobei leichte und schwere Krankheiten eher bei Menschen in Erscheinung treten, die sich als Opfer einer Situation sehen. Durch die Krankheit können sie ihre Opferrolle mit

---
Raum für Notizen

gepflegt werden kompensieren und ihr Wohlgefühl wieder erlangen. Sehr aktive Personen werden durch einen Unfall ebenfalls kurz- oder langfristig aus der „Bahn geworfen", je nach Schwere des Unfalls. Diese plötzliche Veränderung bringt, selbst, wenn der Schaden klein ist, Zeit zum Nachdenken und zur Reflexion.

Viele große Veränderungen im Leben, wie der Tod eines nahen Angehörigen, Trennungen, Scheidungen, beruflich notwendige, aber partnerschaftlich nicht erwünschte Übersiedlungen in ein anderes Land, Schwangerschaft gegen den Willen des Partners, Kauf oder Verkauf von Besitz oder schwere Verluste können Auslöser von Schuldgefühlen gegenüber nahe stehenden Personen sein. Diese Gefühle entwickeln sich aufgrund einer bewusst getroffenen Entscheidung hinter der wir nicht vollkommen stehen, oder die wir zuliebe einer anderen Person gemacht haben. Wir fühlen uns bei dieser Entscheidung nicht wohl, trauen uns aber auch nicht stärker für uns selbst zu sprechen oder sogar einen anderen Weg einzuschlagen. Interessant zu beobachten ist, dass bei Entscheidungen, die der Familie oder Partnerschaft zuliebe gemacht werden, sich die Schuldgefühle gegen uns selbst richten, weil wir nicht nach unserer inneren Wahrheit gehandelt haben. Wir haben es versäumt nach unserem Wissen zu handeln und freiwillig eine Statistenrolle angenommen. Selbst in großen Familien ist es möglich, dritte Lösungen zu finden, die für alle Beteiligten zufriedenstellender als Kompromisse sind. Für das Erkennen von dritten Lösungen ist es notwendig, dass alle Beteiligten offen bleiben und ihre Lösung beiseite stellen, ohne ihre Wünsche zu vernachlässigen. Es ist fast unglaublich zu erleben, wie sich plötzlich, vor den Augen aller, vorher niemals bedachte Möglichkeiten zeigen.

Empfinden wir in unserem Inneren Schuldgefühle, so können wir uns sofort die Frage nach unserer Motivation in einer bestimmten Sache stellen. Dadurch erlangen wir Klarheit über unsere Emotionen. Handeln wir unbewusst manipulativ oder vorsätzlich kontrollierend oder entspringen unsere Schuldgefühle erlernten Prozessen? Unterschei-

---

Raum für Notizen

den wir nur diese wenigen Bereiche, so stellen wir meist sofort Erleichterung fest und können klarer mit unseren Emotionen umgehen.

Manchmal wünschen wir uns etwas für eine andere Person und denken, das wäre genau das Richtige für diese Person. Aber das ist nur unsere Vorstellung, es mag noch lange nicht den Wünschen der anderen Person entsprechen. Dann versuchen wir die Situation in unsere Richtung zu trimmen. So sehr beschäftigen sich unsere Gedanken damit und es entgeht uns völlig, dass wir eigentlich schon manipulativ arbeiten. Wir meinen es gut, dennoch zwingen wir einer anderen Person unseren Willen auf. Wir missachten damit das Recht jeder Person auf freien Willen. Durch manipulative Handlungen beschränken wir uns selbst auf vielfältige Weise, ohne dass wir es merken. Wir leben gefangen in der Vorstellung, dass unsere Sichtweise die Beste für alle um uns herum sei.

Ursachen von Schuldgefühlen, Angst und Sorgen liegen manchmal außerhalb unseres Einflussbereiches, können also nicht direkt von uns behoben werden. Auch hier haben wir die Freiheit der Wahl eine neue Entscheidung in Bezug auf die Situation zu treffen. Wir können unsere Sichtweise verändern, Grenzen setzen und auf Distanz gehen. Dafür ist Offenheit für unsere Intuition, Vertrauen zu uns selbst und Flexibilität notwendig. Anfangs mag es uns grotesk erscheinen unsere Betrachtungsweise zu ändern, da ja offensichtlich andere Personen „falsch" gehandelt haben. Dieses vermeintliche „falsch handeln" kann aufgrund von mangeldem Verstehen anderer Beweggründe und zu wenig Einfühlungsvermögen entstehen. Weit häufiger kommt es vor, dass wir uns nicht distanziert haben von Personen, die uns unangenehm sind, oder auch zu feig waren deutliche Grenzen zu setzen. Haben wir dennoch den Mut unsere alten Muster zu verlassen, um uns neuen Strukturen und fließenden Gedanken hinzugeben, werden wir in relativ kurzer Zeit in jeder Situation mannigfaltige Möglichkeiten wahrnehmen und nicht mehr Begrenzungen erleben. Ein Stück persönlicher Freiheit ist gewonnen.

Raum für Notizen

Auch wenn es zeitweise unmöglich erscheint, so haben wir immer, zu jedem Zeitpunkt, die Wahl uns in schwierigen Situationen für die Begeisterungsfähigkeit zu entscheiden. Begeisterung schrittweise entwickeln, um sich aus einer herausfordernden Situation herauszuarbeiten. Anfangs scheint es schwierig, doch mit etwas Übung werden wir neue bisher versteckte Pfade entdecken, die Begeisterung während Herausforderungen zu aktivieren. Wir leben aufgrund unserer Wünsche und unserer Entscheidungen, sie sind die Basis unseres Daseins, Wachstums und unserer individuellen Entwicklung. Nichts anderes prägt uns so sehr, wie unsere Wünsche und die daraus folgenden Entscheidungen, die wiederum die Grundlage für all unsere Handlungen bilden. Wenn uns die Begeisterung abhanden gekommen ist, so visualisieren wir sie, auf sanften Pfoten wird sie sich wieder an uns heranschleichen, denn sie will Spaß und Freude erleben. Die Energie der Begeisterung zählt zu den Freudenenergien, die unser emotionales Wachstum fördern.

Die Energie der Begeisterung steht uns jeden Moment zur Verfügung, wir brauchen sie nur zu rufen, schon ist sie da, um uns zu beleben. Sie weckt schlafende Energien in uns, lässt die Bereitschaft zur Angst, Schuld und Sorge erst garnicht entstehen, verändert unser Umfeld, da wir uns verändern. Sie lässt Wunder und Zufälle sichtbar erscheinen, erweitert unsere Sichtweise und fördert unsere Lebenslust!

Energie des Verlustes
Welche wertvollen Erkenntnisse gelangen durch Verluste an die Oberfläche?

Nur zu gut kennen wir das Gefühl etwas verloren zu haben, ebenso den damit verbundenen Schmerz, anhaltenden Kummer und Leid. Ob es wertvolle Menschen, Sachgegenstände oder schöne Momente waren, die wir für immer verloren glauben, in unserem Innersten empfinden wir eine wehmütige Trauer. Hätten wir noch Hoffnung, wäre das Gefühl des Verlustes nur wesentlich schwächer vorhanden, aber meistens sehen wir keine Hoffnung mehr und vergraben unsere Gedanken im Schmerz.

Betrachten wir das Wort Ver-lust genauer, so stellen wir fest, unsere Lust an einer Sache ist verloren gegangen und durch das Gefühl der Endgültigkeit dieses Verlustes beginnt das Schmerzgefühl zu nagen. „Wir sind einer Sache verlustig gegangen." Der Schmerz setzt erst ein, wenn uns etwas nicht wieder erreichbar, machbar erscheint. Erst die Endgültigkeit schafft in uns die Hoffnungslosigkeit. Um dieses Nagen im Herzen nicht zu spüren, können wir uns des Mechanismus des Verdrängens bedienen. Verdrängen erspart uns auf eine bestimmte Zeit den Schmerz, wird ihn in der Zukunft aber wieder hervorholen und uns auf vielfältige Weise einen Spiegel vorsetzen.

Wen haben wir verloren, wenn wir Verlust empfinden? Kann es sein, dass wir uns nicht mehr uns selbst nahe fühlen? Suchen wir im Außen etwas, von dem wir uns im Inneren abgeschnitten haben? Was können wir verlieren? Manchmal empfinden wir trotz örtlicher Distanz eine unbeschreibliche Nähe zu einer oder mehreren Personen. Wir können diese Menschen weder sehen, noch hören, weder berühren, noch uns austauschen und dennoch ist eine unbeschreibliche Nähe vorhanden. Schaffen wir es nur dieses eine wundervolle Gefühl zu genießen und erwarten nicht mehr oder projizieren nichts hinein, so erfüllt uns diese Emotion mit großer Zufriedenheit. Sobald wir jedoch

---
Raum für Notizen

mehr erwarten als momentan möglich ist, beginnt sich das Gefühl des Verlustes in uns breit zu machen und damit erwecken wir den Schmerz zum Leben. Das Gefühl von Verlust ist eng verbunden mit der Energie der Erwartung.

Ist nicht jeder Schmerz ein Schrei nach uns selbst? Kann der Sinn des Schmerzes definiert werden, Nähe zu uns selbst aufzubauen, eine Aufforderung, tiefer in unserem Herzen zu schürfen? Erkennen wir endlich dieses wohltuende Urbedürfnis nach inniger Vereinigung mit uns selbst wird der Schmerz eine völlig andere Bedeutung erlangen und nicht mehr leidvoll in uns wirken, sondern einfach nur schmerzhaft mit der Hoffnung auf Heilung und Genesung. Wenn wir auf solch einfache Weise den Verlustschmerz auflösen könnten, warum tun wir das nicht einfach? Wir haben uns an den Schmerz gewöhnt und er ist zur Selbstverständlichkeit geworden, fast zum fixen, immer wieder kehrenden Bestandteil unseres Lebens. Und dieser Schmerz kann ebenso ein tiefes Gefühl der engen Verbundenheit mit einer anderen Person, oder einer Situation herstellen, die angenehme Erinnerungen in uns wachruft. Weil wir diese in der Gegenwart missen, werden die angenehmen Gefühle der Vergangenheit mit schmerzenden Gefühlen der Gegenwart ersetzt. Wir kennen nur schwarz oder weiß, entweder oder. Die breite Palette an Möglichkeiten, die sich wie schillernde Regenbogenfarben anbietet, wollen oder können wir nicht sehen. Haben wir uns selbst verloren auf der steinigen Wegstrecke in unser Inneres? Waren die Ablenkungsmanöver zu verlockend oder die Verluste zu schmerzhaft, dass uns nichts wieder aufhorchen lässt um den Fluss der Fülle und Freude zu genießen? Sind wir uns auf dem Weg der Erkenntnis jemals selbst begegnet, oder haben wir immer nur Personen außerhalb unseres Energiefeldes wahrgenommen?

Es geht nicht schlimmer, als uns selbst verloren zu haben, denn dann nehmen wir diesen schmerzlichen Verlust auch noch in hunderten Situationen wahr, glauben zu erkennen, was uns wirklich fehlt, sind aber nicht fähig diese fehlenden Gefühle in uns selbst zu integrieren.

Raum für Notizen

Wir suchen verzweifelt den Globus ab, rennen von hier nach dort und gelangen doch nicht ans Ziel. Weil es da draußen im Urwald, in der Großstadt, im Dorf, am Meer oder in der Wüste eben kein Ziel mehr gibt. Wenn wir uns selbst verloren haben, den Zugang zu unseren Emotionen verschüttet haben, dann hilft nur eines: sich die Ruhe und das Alleinsein gönnen, um Klarheit zu erlangen, Freiraum für das Graben nach längst vergessenen Gefühlsregungen zu schaffen. Sie schlummern in uns, warten darauf wachgeküsst zu werden. Sie sind nicht wirklich verloren gegangen, drängen sie doch sehnlichst darauf wieder an die Oberfläche zu steigen, um sich in Austausch mit uns selbst zu begeben. Sie warten mit großer Spannung darauf mit uns in Kontakt zu sein und geben uns unwahrscheinlich wohltuenden Genuss. Mit Dankbarkeit und Freude könnten wir eintauchen in die Vielfalt unserer Gefühlswelten, statt dessen plagen wir uns ab mit begrenzenden Bezeichnungen von schwarz oder weiß. Es gibt nicht nur Glück oder Leid, sondern das tiefe Verstehen von Schattierungen dieser beiden Randpunkte, denn die gesamte Farbpalette spielt sich genau zwischen schwarz und weiß ab, nicht in schwarz oder weiß. Wir haben bis jetzt diesen Freiraum zu wenig genützt und sind aufgefordert alle Register zu ziehen, um uns in unserer Haut wohl zu fühlen, Begrenzungen abzuwerfen, um Ballast von unseren Schultern zu nehmen. Die feinen Abstimmungen und Mischungen zwischen Extremen lässt uns nicht nur in unseren Gefühlswelten tiefer einsteigen, sondern auch die emotional energetischen Verknüpfungen verstehen und dadurch wieder in Harmonie bringen. Durch diesen immer wieder aufs neue beginnenden Austausch mit uns schaffen wir es, die Distanz in uns und zu uns zu überwinden. Jeden Tag gehen wir einen Schritt näher an uns heran und beginnen die Vielfalt unseres Wesens zu verstehen. Erkennen wir nun im Außen einen Verlust, brauchen wir uns nur fragen, was geht uns im Inneren ab? Wovon trennen wir uns ab? Durch aufrichtiges Hinterfragen wird sich zuerst zaghaft, doch im Laufe der Zeit immer stärker, unsere Intuition melden und uns wertvolle Hinweise geben, um die Wahrheit und vor allem Klarheit zu erkennen. Integrieren wir diesen fehlenden Teil nun,

Raum für Notizen

wird sich das vermeintliche Verlustgefühl auflösen. Wir empfinden Ganzheit, als wäre wieder ein Teil eines unsichtbaren Puzzlespiels zu uns zurückgekehrt. Ein Teil, der immer in uns war, aber von uns negiert oder nicht bemerkt wurde. Auf diese Weise können wir täglich alle Arten von Verlusten in konstruktive heilende Energien umwandeln. Dass wir tägliche Verluste hinnehmen, mag uns vorerst etwas überzogen vorkommen, doch betrachten wir den ganz gewöhnlichen Alltag, so empfinden wir immer wieder, wenn auch in schwachen Dosierungen, Zurückweisung, Verletzung, Schmerz, nicht angenommen und verstanden werden, Kränkung und Verlust, die wie kleine Nadelstiche, zuerst kaum spürbar, aber durch die Anhäufung im Laufe der Zeit zu Messern werden, die uns Wunden in unserem Herzen zufügen. Viele solcher Wunden schneiden uns von den inneren Energieflüssen ab und lassen uns so das Gefühl des Verlustes stark empfinden. Gleichzeitig empfinden wir das Gefühl der Leere, manchmal auch der Sinnlosigkeit, das im Allgemeinen kompensiert wird durch gesteigerte Aktivität, die uns durch die vielen kleinen Handlungen Sinn und vermeintliche Aufgaben gibt. Handlungsunfähigkeit signalisiert ebenfalls innere Leere, Mangel an Erkennen persönlicher Fähigkeiten und Talente, sowie unpassende Gemeinschaft. Erst in Momenten der Ruhe und Gelassenheit wird uns klar, wie weit wir uns von uns selbst entfernt haben. Das ist der schmerzlichste Verlust, den wir kennen. Dieses sich selbst nicht auf allen Ebenen des Seins verstehen, sich nicht annehmen und viel zu wenig respektieren. Durch tieferes Verstehen beginnt ein Prozess, der uns Herausforderungen leichter annehmen lässt. Öffnen wir uns dafür, versuchen wir es zumindest einmal und heißen diesen Prozess willkommen. Die Lust an einer Sache verlieren, dennoch an ihr hängen bleiben kann nur mit der Loslösungs-Energie geheilt werden. Sie ist die ältere Schwester und führt uns selbst über schmale, gefährliche Gebirgspfade heil nach Hause zurück. Oft verlassen uns Verlustgefühle erst dann, wenn wir uns mit der Energie der Loslösung beschäftigen. Sie zählt deshalb zu den wertvollsten Energien, die uns als stiller Begleiter Wahrheit und Klarheit für unseren Lebensweg schenkt.

Raum für Notizen

Energie der Loslösung
Der Weg in die individuelle Freiheit und zu neuem Lebensgenuss

Manchmal stecken wir in Situationen fest und wünschen uns nichts sehnlicher, als diese möglichst rasch zu verlassen oder erst gar nicht erlebt zu haben. Umso stärker wir uns bemühen das Terrain zu verlassen, desto eher verknoten wir uns in der Situation. Das Problem wächst mit jedem Gedanken an Flucht und wird weder durch Ortsveränderung noch durch Verdrängung oder Verleugnung getilgt. Wir können die Herausforderung nicht erkennen und verlaufen uns wie in einem Labyrinth, in dem wir ohne Wegbeschreibung unterwegs sind. In den endlosen Windungen gehen wir Treppen aufwärts, abwärts, klammern uns an Lichtstrahlen und treffen immer wieder auf den gleichen Ausgangspunkt. Andere Wege offenbaren sich uns nicht. Oder wollen wir sie vielleicht nicht erkennen, da uns unsere Gewohnheit und Trägheit in alten Bahnen festhält? Das Gefühl der Schwere kann uns in windigen Zeiten gute Bodenhaftung ermöglichen, aber in schwierigen Zeiten die Tiefen innerer Verliese aufdecken, in ungeahntem Ausmaß und großer Dunkelheit ist es notwendig geistige Wendigkeit zu praktizieren. Lassen wir uns fallen, noch dazu ohne Netz, das uns zumindest vom gröbsten Schaden bewahren könnte, so kann dieser freie Fall sehr tief und verletzend sein. Fast unerträglich erscheint er uns. Tiefe ohne Ende, ohne Sinn und Ausweg.

Doch auch diese Tiefen auszuloten, zu verstehen und mutig hindurch zu schreiten, macht den Menschen erst zum richtigen Menschen, denn wir bergen alle Seiten besonderer Gefühle in uns und können endlich beginnen diese in ihren Nuancen zu begreifen und in unser Leben zu integrieren. Es ist nichts Falsches daran, alle eigenen Wesenszüge zu leben, die Frage stellt sich nur, in welchen Situationen sie angewandt und hervorgebracht werden sollen. Wir haben relativ wenig Erfahrung im Umgang mit allen unseren Emotionen, da

Raum für Notizen

wir es meistens gewohnt sind sie zu unterdrücken, statt sie zu leben. So lernen wir von Kindesbeinchen an still zu halten, nicht zu widersprechen, die eigene Meinung zu unterdrücken, und das geht so munter weiter bis ins Erwachsenenalter. Dann sind wir endlich still, können unsere wertvollen Emotionen perfekt unterdrücken, stellen kaum Ansprüche an das Leben und begnügen uns mit Halbwahrheiten. Eine große Ausnahme stellen Krisensituationen dar, die uns aus der Angel heben. In uns prallen dann zwei Welten, die Guten und die Schlechten, aufeinander. Die Energien entladen sich, ein zu großer Spannungszustand wirkt manchmal zerstörerisch. Hemmungslos, oft wie eine ferngesteuerte Rakete, verfolgen unsere unterdrückten Emotionen ihr Ziel und schlagen dann mit der aufgestauten Wucht von Jahren oder sogar Jahrzehnten der Unterdrückung ein. Meist trifft die Rakete ihr Ziel mit unvorstellbarer Präzision einer noch nicht erfundenen Zukunftstechnik, dabei sind uns doch nur die Gefühle hochgestiegen. Mit unglaublicher Direktheit werden Wahrheiten freigelegt, hervorgeschleudert und schlagen wie Blitze ein, Emotionen bäumen sich wie verletzte Pferde auf und jagen auf steinigem Weg in die unbekannte Weite. Das kann sich vernichtend auf unsere Beziehungen in nächster Nähe auswirken. Der Kampf ist zwar aussichtslos, aber keineswegs sinnlos, denn der Lernprozess könnte enorm sein, sogar eine neue Ordnung in unserem Leben hervorrufen. Dieser besondere Spannungszustand kann dazu dienen Altes und Verbrauchtes loszulassen um Platz für Neues zu schaffen. Doch jetzt macht sich unsere Gewohnheit bemerkbar, still und leise hat sie sich bis jetzt verhalten, nun aber will sie ihren eingesessenen Platz verteidigen. Sie sträubt sich mit der Kraft eines schwarzen Panthers gegen alle Arten von Neuerungen auf geistiger und materieller Ebene. Jede Veränderung lässt sie im Keim ersticken, nur nicht bewegen, schön alles beim Alten bleiben lassen und die guten alten Zeiten hochhalten, verehren, sich ihnen hingeben, am Besten ohne zu hinterfragen.

Jetzt wütet der Kampf im Inneren und wir spüren ein Ziehen und Dehnen in unseren Gefühlen, manchmal scheint es als wollen wir
_____
Raum für Notizen

bersten, einfach zerbrechen an den Herausforderungen. Aber dazu wird es nicht kommen, denn wir bekommen nie mehr Ballast als wir fähig sind zu tragen. Jede Person kann eine gewisse Menge an Energie freisetzen und besonders in spannungsgeladenen Zeiten kumulieren. Genau diese Menge an freigesetzter Energie wird wieder zu uns zurückkehren, damit ein Ausgleich stattfindet und somit die Harmonie wiederhergestellt ist. Kumulieren und entladen sich deshalb manchmal Energien in Form von Streit, Krieg, Kampf oder gewaltigen Unwettern? Können solche sichtbaren Zeichen einen energetischen Ausgleich darstellen? Unsere Vernunft beginnt uns salbungsvoll einzureden, dass wir im Recht sind und alle anderen im Unrecht. Somit überkommt uns ein Gefühl der Überlegenheit und Stärke, welches uns vorerst den Boden unter den Füßen spüren lässt. Doch kurz darauf eilt die nächste Woge intensiver Emotionen auf unsere scheinbar geschützten inneren Welten der Unterdrückung zu.

Dieses Spiel kennen wir nur zu gut und manchmal haben wir es besser unter Kontrolle, manchmal weniger gut. Doch verlassen wir meistens das Labyrinth versteckter Emotionen nicht, sondern finden nur wieder Nischen und Unterstände, um unsere Emotionen darin für eine gewisse Zeit zu verstecken. Hin zum Licht und raus aus den dunklen und kalten Gängen finden wir auf andere Weise. Schritt für Schritt klinken wir uns in den Vorgang des freiwilligen Loslassens ein. Jeder erklommene Zentimeter bringt uns näher an das Gefühl, frei und unabhängig zu sein und jederzeit unsere Gefühle leben zu dürfen. Wir müssen nichts mehr unterdrücken, keine Begrenzungen für unser Wesen akzeptieren, sondern finden uns im traumhaften Gefühl, ganz uns selbst zu gehören. Freiwillig schenken wir uns selbst den Zugang zu unseren Gefühlen, unbeeinflusst von kaum mehr vorhandenen inneren Tumulten und Kriegserklärungen, jetzt nehmen wir den Lauf der Dinge an. Der Loslösungsprozess hat begonnen! Wir lassen uns nicht mehr von veralteten Mustern beeinflussen, mehr Gelassenheit und Öffnen für die Wahrheit bestimmt unser Leben von nun an. Loslassen hat mit sein lassen zu tun. Den anderen Menschen ihren freien Willen leben lassen und uns selbst nicht mehr

---
Raum für Notizen

zwanghaft in das Leben anderer einmischen. Das löst uns von unnötig übernommener Verantwortung und auch von Manipulation und gibt anderen das Gefühl selbst verantwortlich zu sein. Besonders bei Kindern wirkt sich die Förderung von Eigenverantwortung sehr intensiv auf ihr intuitives Empfinden aus und stärkt ein gesundes Selbstvertrauen.

Loslassen hat mit dem tiefen Respekt vor anderen Personen zu tun, denn wir wollen niemanden mehr gegen seinen/ihren Willen unsere Vorstellungen aufzwingen. Das ist einer der wertvollsten Schritte in unserem Leben, wir verstehen es nun, die uns umgebenden Menschen nicht mehr zu manipulieren. Somit werden wir frei von falschen Vorstellungen, unterstützen andere in ihrer Eigenverantwortung, heißen ihre Entscheidungen gut und geben uns die Möglichkeit den Austausch mit anderen Menschen auf vielfältige Weise zu genießen. Lassen wir den freien Willen aller anderen Lebewesen gelten, befinden wir uns mitten im Fluss des Lebens, der uns immer wieder uns selbst nahe bringt, jede Minute des Lebens neue Impulse für unseren Lebensinhalt schenkt und immer versucht uns mit Harmonie und Freude zu umspülen. Manchmal verspüren wir den Drang uns an Uferwurzeln festzuhalten, um zu verweilen, merken aber schon bald, dass diese Wurzeln uns kaum tragen können, noch Freude bringen. Nur das Wasser des Flusses kann uns mit großer Leichtigkeit von einer Situation in die nächste tragen, ohne zu fallen, ohne Hindernisse. Den einzigen Beitrag, den wir geben können, ist das Loslösen von alten Vorstellungen, gedanklichen Mustern und verstaubten Ideologien. Keine Ideologie lebt länger als das Jetzt, denn sie ist nur für diesen Moment des Empfindens und Genießens geschaffen. Sie kann allerdings wieder für das Jetzt geschaffen und so wiederholt aktiviert werden. Aus Angst vor Veränderung versucht der Mensch alles festzuhalten. Lösen wir uns langsam, vorsichtig und mit Gefühl, so gleiten wir mit Sanftheit und unglaublicher Sicherheit durch unser Leben. Wir vertrauen dem Fluss des Lebens, fühlen uns in ihm unendlich geborgen und erwarten mit Spannung und Freude die nächsten

---
Raum für Notizen

Ereignisse. Was mag wohl Interessantes als nächstes passieren? Wie werden sich Formen, Farben, Gedanken, Personen, Situationen verändern? So formen wir unser Leben zum Abenteuer! Nehmen wir die Chance wahr unser Leben als Abenteuer zu gestalten, voll Begeisterung, Spannung und Schönheit.

Oft werden wir uns fragen, wofür sind diese permanenten Veränderungen gut? Jeder Tag bringt Veränderung und neue Gestaltungsmöglichkeiten. Durch die zahlreichen Veränderungen gewinnen wir größeren Einblick in unser verborgenes Wesen, erkennen langsam die geheimen Facetten unseres Seins, beginnen uns darauf einzulassen und erspüren jeden Moment mehr unseres wertvollen Seins. Unser reiches Innenleben arbeitet sich mit Konsequenz und Sanftheit durch unseren Panzer, durch den wir Emotionen geschützt glauben. Erst durch das vorsichtige Öffnen unseres Panzers wird auch im Außen unser innerer Reichtum erkennbar. Loslösung lässt diesen Reichtum an der Oberfläche auftauchen, ein besonderer Glanz bringt uns immer intensiver mit unserem inneren Strahlen in Verbindung und gibt niemals auf, für unsere Geborgenheit und unser umfassendes Wohlgefühl zu arbeiten. Wir können von großem Glück reden, immer wieder Chancen vom Schicksal zu erhalten diese Loslösung einzuleiten, denn sie macht uns frei und unabhängig, reich und strahlend. Unabhängigkeit unserer Gedanken und Handlungen schenkt uns Loslösung in jedem Moment, wobei wir selbst in den verworrensten Situationen noch ein Gefühl der Wahlfreiheit empfinden und auch aktiv leben können.

Aus Sorge um zu viele Gefühle schalten wir immer wieder die „Kontrollinstanz Verstand" ein, sie soll uns vor tiefen Emotionen und unvorsichtigem Verhalten bewahren. In Wahrheit bewahrt uns der Verstand vor dem Wichtigsten und Freudvollsten das wir besitzen, der Ausdruckskraft unserer Gefühle, klar wie eine Quelle im Gebirge, durchsichtig wie ein Diamant. Von dieser unwiderstehlichen Schönheit wollen wir uns bewahren? Welchen Sinn soll das haben?

Raum für Notizen

Durch den intensiven Loslösungsprozess erinnern wir uns wieder an unsere feinen Energieströme, die wir als Kinder genossen haben und die nun wieder mit uns in Verbindung gebracht werden wollen. Loslösen ist ein schrittweises Abbauen von starren Bildern in unserem Kopf und gleichzeitiges Freilegen unserer wesenseigenen individuellen Emotionen. Jede Person findet auf eigene individuelle Weise Zugang zu sich und den inneren Welten, die an Glanz und Freude durch nichts zu ersetzen sind.

Gerade in herausfordernden Situationen scheint es uns auf den ersten Blick sehr schwer zu fallen, loszulassen. Schließen wir für einen Moment die Augen und erinnern uns an das betörende Wohlgefühl, das wir nach dem letzten Loslassen empfunden haben, wird es uns wesentlich leichter fallen uns wieder in den Fluss des Lebens einzuklinken. Im Lauf der Jahre wird es selbstverständlicher werden loszulassen, als festzuhalten. Der einzig entscheidende Faktor dabei ist unser Wunsch es zu tun. Diesen Wunsch umzusetzen ist nur ein kleiner Schritt, der nur den einen Fuß vor den anderen setzt.

Verhakt sich unser Verstand erst einmal in den Windungen unmöglicher, nicht realisierbarer Vorstellungen und sträubt sich unser Wesen gegen sich selbst, dann ist es unglaublich schwierig, scheint fast unmöglich emotionale Klarheit und Unterscheidungsvermögen zu entwickeln. Selbst dann wird uns unsere Aufrichtigkeit und Willenskraft, gepaart mit Wissen und Weisheit, schließlich zum Ziel führen. Getragen von unserer Vision werden Hürden und Hindernisse überwunden, das Selbstwertgefühl stärkt uns den Rücken und ermöglicht ein langsames und freudvolles Loslassen.

Energie der Erwartung und Erfüllung
Verborgene Perspektiven führen uns zu Zufriedenheit und Glück

In freudiger Erwartung stieg die Prinzessin die steilen Treppen hinauf, um sehnsuchtsvoll ihren Prinzen zu treffen. Doch der Prinz ritt unterdessen in Windeseile auf das Schloss zu, er hatte sich verspätet, da er unterwegs noch eine Räuberbande bekämpfen musste. Das Herz der Prinzessin schlug heftig, denn sie nahm mehrere Treppen gleichzeitig, aufgeregt öffnete sie die Tür zum Turm und erstarrte. Der Prinz war nicht da.

So mag die Erwartungshaltung im Mittelalter, wo es von Prinzen, Prinzessinnen, Hexen und Zauberern nur so wimmelte, ausgesehen haben. Immer warteten die schönen Prinzessinnen, manchmal wurden sie zufriedengestellt, manchmal enttäuscht.

Heute mag sich derselbe Text ungefähr so anhören: Der Blick des elegant gekleideten Gentleman wandert mit unruhigen Augen die Skyline New York Citys ab, wobei seine Gedanken bei einer beeindruckenden, bildhübschen und lieblichen Frau verweilen, die jeden Moment im „Windows to the World" Restaurant auftauchen sollte. Die Türen des Hochgeschwindigkeitsaufzuges öffnen sich und voller Erwartung blickt der Herr die herausströmenden Menschen an, um die von ihm verehrte Dame zu erspähen. Unzählige Male haben sich seitdem die Türen geöffnet, aber die ersehnte Frau kam nicht.

In Liebesgeschichten wirkt die Erwartungshaltung besonders spannend, oft dramatisch und schmerzlich, denn unsere Erwartungen decken sich nicht mit der Realität, mit dem was wir sehen und erkennen, sie sind weit überzogen, deshalb scheinen sie eher wie Träume. Wir können uns stundenlang, tagelang, Wochen, Monate oder sogar Jahre mit den gleichen Phantasien beschäftigen, ohne auch nur einen Schritt zur Verwirklichung dieser Pläne beizutragen. Weil sich diese Träume auch nicht von selbst in der Realität manifestieren geschieht nichts.

Raum für Notizen

Auch im Alltag erwarten wir in jeder Situation etwas bestimmtes. Tausende von Gedanken tangieren täglich unseren Geist, manche nehmen wir zur weiteren Begutachtung auf, andere lassen wir sofort wieder fallen. Wieder andere setzen sich gleich als fixe Vorstellung in unserem Kopf fest und beschäftigen uns massiv. Es ist unsere Entscheidung, welchen Gedanken wir nachhängen, wie diese Gedanken unser Leben und unsere Handlungen bestimmen. Wir werden schließlich zu dem, was wir denken. Also ist die klare Auswahl unserer Gedanken, unserer Wünsche und Vorstellungen ein wesentlicher Aspekt für unser Glück. Wir haben die Möglichkeit uns jeden Moment aufs Neue zu entscheiden, alten Vorstellungen nachzuhängen oder uns für neue freudvolle Muster zu öffnen. Diese Öffnung beinhaltet den Schlüssel zum Glück. Ob die Situation Freude oder Schmerz bringt, wichtig ist es offen zu bleiben, denn dann verflüchtigt sich der Schmerz und die Freude kann einziehen. Leid zeigt sich erst durch krampfhaftes Festhalten am Schmerz, den Schmerz nicht davon ziehen lassen, dieses Gefühl als das einzig Wahre in diesem Moment annehmen. Dieses Festhalten am Schmerz wird dann zu einer Überzeugung, graviert sich in unser Bewusstsein ein und kann somit fixer Bestandteil unseres Wesens werden. Auch dann kann Schmerz, resultierend aus übersteigerter Erwartungshaltung, noch aufgelöst und verändert werden. Es liegt an unserer Betrachtungsweise und unserem Willen eine neue Sichtweise aus dieser schmerzlichen Situation anzunehmen. Jede Situation hat nicht nur negative, sondern auch positive Elemente die wir jetzt herausarbeiten können. Besonders im Schmerz sind wir aufgerufen uns intensiv nach Innen zu wenden, in den Tiefen unseres Seins zu kramen, die Schönheit unseres Wesens zu erfahren und nun endlich zutage zu fördern. Warum lassen wir uns noch immer von der Idee nicht wertvoll und liebenswert zu sein beherrschen? Diese Vorstellung lässt erst den Schmerz entstehen und wachsen. Wir wollen von anderen etwas bekommen das wir uns selbst nicht geben. Genau das lässt auch unsere Erwartungshaltung ins Unermessliche steigen. Wären wir uns unseres Selbstwertes bewusst müssten wir nicht mehr im Außen nach

Raum für Notizen

uns selbst suchen und erwarten nicht mehr als das, was automatisch kommt und geht. Fließen ist Kommen und Gehen, Geben und Empfangen, Verstehen und Abweisen, Verbinden und Trennen, Auf und Ab. Fließen beinhaltet alle Facetten des Lebens und lässt uns die Fülle des Lebens erfahren. Erwartungen können den Fluss gänzlich stoppen oder zu einer zähen grauen Masse klumpen lassen, in der wir uns nur langsam oder fast nicht mehr weiter bewegen können. Wir spüren sofort den Unterschied, wenn der Fluss sich verlangsamt, wissen aber oft nicht, wie wir uns aus solchen Situationen befreien und wieder in den klaren Fluss eintauchen, um mit uns selbst in Verbindung zu sein. Je näher wir zu uns selbst rücken, unsere innersten Eigenschaften verstehen, desto eher lassen wir uns treiben, können die Vielfalt des Lebens annehmen und in unserer freudvollen Energie weilen. Ob wir sie erwarten oder nicht, aus allen Richtungen strömen Energien auf uns ein, Handlungen werden gesetzt. Wieder haben wir die Entscheidung uns in eine bestimmte Idee zu verlaufen oder durch das Annehmen der jetzt präsenten Möglichkeiten weiter zu schwimmen, uns sogar ein bisschen treiben zu lassen von der Strömung. Es geht immer nach vorne, niemals zurück, was zählt ist der Moment des Hier und Jetzt. Diesen Moment klar, intensiv und voller Hingabe zu leben bringt uns stündliche Freude und Harmonie. Erwartungen zerstören den Genuss des Moments, denn sie erwarten etwas von der Zukunft, das noch nicht ist, aber sein soll, weil der menschliche Verstand es kontrollieren will. Der Kopf richtet sich ein bestimmtes Bild einer Situation ein und will es dann in der Realität durchsetzen. Selbst wenn diese Zukunft nur fünf Minuten später ist verschwindet damit das Gefühl des Glücks, das wir in diesem Moment noch erfahren haben. Wir wollen ein glückliches Leben führen, wir verdienen es ein zufriedenes Leben zu führen und halten uns selbst davon ab, indem wir Erwartungen pflegen und uns oft krampfhaft festhalten an Situationen und fixen Vorstellungen. Das Leben möchte uns vieles schenken und ist niemals geizig, aber wir wollen diese Füllen oft nicht annehmen, weil wir uns unseres eigenen Selbstwertgefühls nicht bewusst sind.

Raum für Notizen

Durch die vielfältigen Aspekte des Lebens wird die Ausdehnung unseres Horizontes gefördert, um damit unser Bewusstsein frei zu schaufeln. Die Vielfalt kommt täglich auf uns zu, wächst wie ein kleines Pflänzchen aus dem Inneren des Herzens. Lassen wir ihr Wachstum zu, dann gehen wir den Weg des Verstehens und des Abenteuers, das Leben heißt. Spannend und interessant gestalten sich die Tage, Neues geschieht und bringt Vertrautes oder Unbekanntes. Es gibt keinen Grund zum Misstrauen, denn das Leben will uns nur umarmen und durch seine unzähligen Übungen während des Alltags auf neue Facetten und Varianten der Schönheit hinweisen. Jedes Geschehnis ist eigentlich nur eine Übung und will gelebt und verstanden werden, es geht dabei um die Erfahrung und nicht darum uns Freude oder Leid spüren zu lassen. Freude oder Leid, diese Empfindungen wiederum machen wir uns selbst aufgrund vergangener Erfahrungen, überzogener Erwartungen und Entscheidungen, mit denen wir nicht wirklich im Einklang sind. Lassen wir die Erfahrung zu, so kann es immer öfter passieren, dass früher als unangenehm eingestufte Energien ein Wohlgefühl und vor allem ein tieferes Verständnis der Gegenwart mit sich bringen. Wir nehmen es in diesem Moment an und lassen es im Nächsten wieder gehen. Durch ständiges Loslassen wird uns die Sicherheit des Wiederkommens garantiert. Halten wir fest, verwelkt die Blume in unserer Hand sehr rasch. Selbst wenn wir sie ins Wasser stellen wird sie meist nicht mehr richtig frisch. Freuen wir uns aber auf der Wiese über die strahlende Blüte, lassen sie im nächsten Moment los, indem wir weitergehen ohne sie zu pflücken, dann wandern wir von einem schönen Moment zum Nächsten. Erwarten wir aber durch das Pflücken der Blume ihr Strahlen mit uns nehmen zu können, so zerrinnt sogar die schöne Erinnerung daran wie Schnee in der Frühjahrssonne. Tragen wir das Strahlen im Herzen weiter, so bleibt es in ewiger Erinnerung.

Erwartungen schweben immer zwischen zwei Welten, der Realistischen und der Unrealistischen. Sobald Emotionen immer dichter und hohe Erwartungen an andere Personen gestellt werden, können wir

---

Raum für Notizen

kurz inne halten und uns fragen, warum wir diese hohen Ansprüche nicht auf uns selbst richten. Geben wir hier Verantwortung ab? Können wir nicht alle emotionalen Wünsche zuerst einmal auf uns selbst richten? Was würde dann passieren? Wir haben das Ruder selbst in der Hand und können die Geschwindigkeit und auch den Kurs selbst bestimmen, der Kontakt zu unserem inneren System ist erst einmal hergestellt. Der erste und wesentlichste Schritt ist getan und verdient ehrliche Anerkennung von uns. Mit jeder noch so kleinen Entscheidung werden wir mutig zur Erfüllung schreiten. Kein Universum trennt uns jetzt noch von unseren Wünschen, keine Abhängigkeit von anderen Menschen bremst unsere Energien. Es sind diese kleinen stetigen Schritte. Täglich ausgeführt erfüllen sie uns mit Klarheit und Freude, der Weg ist schon Teil des erhofften Ziels und wird harmonisch integriert. Diese Wegstrecken legen wir mit immer größerer Sicherheit zurück, ein neues, verloren gegangen geglaubtes Selbstwertgefühl entsteht.

Niedere Erwartungen können von innerer Ausgeglichenheit oder auch von Desinteresse zeugen. Die Bandbreite ist immens groß, bestimmt von Charaktereigenschaften, Situationen, Gemütsstimmung und Umgebung.

Je weniger wir uns von äußeren Umständen abhängig fühlen (und das Gewicht liegt nun auf dem Wort fühlen, denn wir mögen manchmal wirklich abhängig sein, fühlen uns aber innerlich frei), desto direkter und gezielter gehen wir im Leben auf die Energie der Erfüllung zu. Sie fließt völlig frei und lässt sich nicht zwingen, fühlt sich aber angezogen von der Loslösungs-Energie, sie strebt förmlich danach sich mit ihr zu verbinden. Erwartungen auf sich zu richten, leicht und klar, ohne sich selbst mit Anforderungen zu verschütten, schrittweise Taten setzen, loslösen von fixen Vorstellungen, den Hinweisen des Schicksals genau zuhören, dann führt uns die Energie der Intuition freudig zu unseren Zielen. Erfüllung hängt auch mit dem Gleichklang von Verstehen und Fühlen zusammen. Schneiden wir uns von unseren Gefühlen ab, mögen wir vielleicht einiges erreichen, aber tiefe

Raum für Notizen

innere Zufriedenheit bleibt dann leider aus. Die Intensität klarer Emotionen, im Einklang mit unseren Fähigkeiten, öffnet Türen und Tore. Gestehen wir uns selbst ein, neue sanfte Wege zur Wunscherfüllung zu gehen, um endlich alte verkrampfte Vorstellungen leicht hinter uns zu lassen. Gestehen wir dem Schicksal zu, uns gut zu versorgen und uns hingebungsvoll zu führen. Lauschen wir innig den zarten Wegweisern, die uns täglich wertvolle Hinweise geben und folgen wir diesen Hinweistafel mit Begeisterung und Abenteuerlust!

Energie der Veränderung
Wie leicht wir unseren Charakter positiv stärken können!

Täglich kommen sie zu uns bei der Türe herein, doch wirklich erfreut sind wir selten darüber. Sie drehen unseren Tagesablauf um, ersuchen uns neue Vorstellungen als Realität zu akzeptieren und verlangen auch noch eine andere Einstellung zu unseren Gewohnheiten. Wer oder was sind sie, dass sie so einfach bei der Türe herein spazieren, selbst, wenn die Türe geschlossen ist und wir nicht öffnen wollen. Meistens scheint es so, dass sie ohne Anmeldung kommen, doch sehen wir sie uns genau an, erkennen wir, dass eindeutige Vorboten dieser frechen Energie der Veränderung bei uns zuerst höflich, dann immer heftiger angeklopft haben. Aber wir wollten sie nicht bei der Türe hereinlassen und schon gar nicht hätten wir es zugelassen mit ihr zu reden. Wir haben unsere Ohren verschlossen, gut abdichtende Kopfhörer aufgesetzt, um ja nicht konfrontiert zu werden mit dieser Veränderungs-Energie. Wir fragen uns berechtigt, was sie von uns will, warum sie uns immer wieder konfrontiert und wie wir am besten mit ihr umgehen. Wer hat sie geschickt, diese immer wiederkehrende Energie, fast zyklisch klopft sie an, lächelt freundlich und fordert uns auf, die kleine heile Welt in uns zu durchleuchten, ja sogar auf den Kopf zu stellen. Woher nimmt sich die Energie der Veränderung die Autorität so mit uns umzuspringen?

Ver-ändern, eine andere Richtung einschlagen, neue Wege gehen, den Dachboden im Kopf entrümpeln, von eingerostetem gedanklichen Müll, komplizierten belastenden Gedanken, die nicht mehr in Schwung gebracht werden können, nur noch als Leiche im Kopf lagern, Unbrauchbares entfernen, das und nichts anderes verlangt die Veränderung. Sie ist eine Art Rettung unserer Integrität und Kreativität, will retten und zum Vorschein bringen, was wirklich wertvoll ist in uns und für uns. Die Veränderung kann uns, wenn wir aufmerksam und achtsam auf sie hören, einen unglaublich großen Beitrag für unser Weiterkommen im Leben und Sein geben!

Raum für Notizen

Nehmen wir diese Energie an als das was sie ist, nämlich unser Beschützer und Retter in schwierigen Situationen, betrachten wir sie mit urteilsfreien Kinderaugen, offen und neugierig, dann kann sie uns nicht nur phantastische Dienste leisten, sondern auch die Richtungen aufzeigen, wie uns unsere Wünsche erfüllt werden. Diese Energie ist unser Freund, niemals unser Feind. Sie erleichtert uns den Weg zu finden, der uns geradeaus in unsere freudvolle, harmonische Zukunft führt. Wir dürfen aufatmen, denn diese veränderte Betrachtungsweise der Veränderung stärkt unser Selbstbewusstsein, wobei es uns gleichzeitig gestattet unser Leben flexibler zu gestalten. Wir erlauben uns nun selbst offen für neue Veränderungen zu sein, den verstopften Fluss zu reinigen von fremden Vorstellungen und Energien, die nichts mit unserer Persönlichkeit zu tun haben. Somit verstehen wir auch immer mehr über unsere Person. Diese besondere Energie bringt uns mehr als alles andere in Kontakt mit uns selbst, weil sie aussiebt. Genau hier wollen wir ansetzten, wir sieben fremde Energien in Form von destruktiven Gedanken, monotonen Handlungen, aufgepfropften Gewohnheiten, automatisierten Vorstellungen aus unserem System. In Wahrheit leben in uns gewaltige Heerscharen von fremden Energien, wie Parasiten und Schmarotzer, mit denen wir nicht in Übereinstimmung sind. Es fällt uns nicht auf, dass diese Energien für unsere Stimmungen, Gedanken und Handlungen mitverantwortlich sind. Teilweise haben wir vielleicht sogar die Verantwortung abgegeben an diese Energie, damit sie in uns und um uns herum frei agieren kann und wir uns in der Passivität frei von Verantwortung suhlen können. Macht uns das froh? Mit stetiger Konsequenz und unglaublicher Willenskraft, im Bewusstsein für uns selbst etwas Gutes und Wesentliches zu tun, beginnen wir nun diese fremden Energien aus uns zu entfernen. Anfangs ziehen sie sich wie Kaugummi, sie kleben und haften in jeder unserer Zellen, wollen nicht loslassen. Doch dann schwirrt von außen schon wieder eine Veränderungs-Energie beim Fenster herein. Diesmal schenken wir ihr Aufmerksamkeit, hören zu, gehen voll Spannung in den Prozess hinein und siehe da, mit einem Ruck entfernt sich eine der Fremdenergien.

Raum für Notizen

Mit ein bisschen Übung können wir schneller und schneller Fremdlinge entfernen. Alte Betrachtungsweisen und Strukturen, die über Jahrzehnte in unserem Kopf als Realität gesessen haben, besitzen plötzlich geringeren oder sogar keinen Wert mehr für uns. Wie im Zug sitzend spüren wir den nächsten Ruck, und wieder einen, wir gewöhnen uns an das ruckartige Loslassen und somit Loslösen alter verstaubter Energien die unseren Geist unnötig belagert haben. Dann kommen wir an einen Punkt, wo es nicht mehr zieht, sondern sich die Energien wie eine alte Haut abschuppen. Es geht fast automatisch, wir müssen nur unser zustimmendes 'Ja' kundtun. Jetzt spüren wir auch keinen Schmerz mehr beim Loslassen, sondern kehren zurück zu unserer natürlichen Position, geborgen in unserem wahren inneren Wesen, unserem individuellen Sein.

Wenn es so leicht wäre den Grimassen schneidenden und höhnisch lachenden Veränderungen nachzugeben, sofort neue Wege einzuschlagen, bräuchten wir uns um nichts mehr sorgen. Die Veränderungs-Energie umgibt uns wie eine zweite Haut, hinterlässt tiefe Spuren in unserer Erinnerung, wie schmerzhaft die letzte Veränderung war, und deshalb wollen wir nicht schon wieder verändern müssen. Es ist genug! Aus! Ende! Doch genau in diesem Moment eilt sie mit riesigen Schritten auf uns zu, um die verkrampften Hirnwindungen zu lockern, Raum für Neues und Schönes zu schaffen. Sie will uns unterstützen, meistens verstehen wir das nicht und schmeißen sie raus aus unserem Wohnhaus, das sich Körper nennt.

Diese grundlose Flexibilität aufzubringen, immer wieder einzutauchen ins eigene Urvertrauen, um den nächsten wesentlichen Schritt zu wagen, fällt uns nicht immer leicht. Meistens erwarten wir schon Schwierigkeiten, malen die Veränderungen in Farben von hellschwarz bis dunkelschwarz und wundern uns, wenn es dann auch noch genauso, wie vorbestellt, eintrifft. Dieses destruktive Vorausschauen funktioniert ebenso einfach, wie einen Tisch im Restaurant zu bestellen. Wir heben zwar keinen Telefonhörer ab, wählen auch keine Nummer, doch die vorbeiströmenden Energien hören uns zu und mit be-

Raum für Notizen

stechender Präzision erfüllen sie unsere Wünsche. Warum unsere Wünsche erfüllt werden? Sobald wir einen Gedanken hegen, drängt dieser auf Erfüllung, es wird Energie freigesetzt. Diese ausgesendete Energie will wieder in Harmonie mit sich selbst kommen, deshalb scheint es so als „passieren" Dinge einfach so. Unsere Gedanken und Wünsche manifestieren Handlungen im Außen. Veränderungen treten an uns heran damit wir unsere Wünsche besser erfüllt bekommen können. Werden wir jetzt achtsamer, da wir genau wissen, dass jeder Gedanke energetische Konsequenzen mit sich bringt? Verlangsamen wir das maschinengewehrartige Hinausschleudern von täglich neuen Wünschen? Einen gedanklichen Spagat machen wir mit unseren unzähligen Wünschen, spalten unsere Gedankenwelt dadurch in unzählige Lager, bremsen uns am Vorwärtskommen und behindern uns damit sogar in der Erfüllung unserer Wünsche. Ein erfüllter Wunsch baut keine Spannung mehr in uns auf, genau diese wollen wir aber empfinden. Da warten Tausende von Wünschen darauf sich in unserem Kopf festzuklammern und nicht mehr loszulassen, bis sie erfüllt sind. Ein Wunsch nach dem anderen, sie rattern endlos durch unsere Zellen, lassen sich kaum beirren, vernichten dabei unser Wohlgefühl. Genau in diesen Momenten drängt die Veränderung uns dazu, mehr aufrichtige Klarheit zu leben statt uns selbst zu belügen, schon gegangene Pfade vom vernichtenden Unkraut zu befreien und schließlich den eigenen, einzigartigen Weg zu erkennen. Sie ist eine gute Freundin und ein guter Freund, diese Energie der Veränderung. Sie will uns helfen und lässt keine Möglichkeit aus, dies kundzutun. Beginnen wir doch einfach diese Energie zu umarmen, statt sie aus dem Haus zu werfen. Sie ist eine der Energien, die uns mehr Freiraum schaffen kann, wenn wir es zulassen. Die Energie der Veränderung unterstützt nicht nur unser Gefühl für Freiheit, sondern führt uns auch noch dorthin.

Lassen wir die Veränderung nicht zu, werfen wir sie regelrecht aus dem Fenster des vierten Stockes, damit sie sicher vernichtet ist, dann wird sie zuerst ihre Wunden lecken, und bandagiert und gebrochen

---

Raum für Notizen

für einige Zeit verschwinden, umzubringen ist sie nicht. Sobald ihre Wunden verheilt sind, die Bandagen abgenommen, setzt sie sich wieder in Bewegung uns zu besuchen. Diesmal können wir sicher sein, dass der Besuch wesentlich unangenehmer sein wird als der Letzte, weil die Energien sich kumuliert haben. Noch dazu hat sich bei uns die Sturheit, uns nicht verändern zu wollen, wie eine Zecke in unseren Pelz festgesetzt. Selbst wenn wir sie ausreißen, bleiben doch die zarten Füßchen der Zecke in der Haut und lassen nicht ab uns Entzündungen und Schmerzen zuzufügen.

Klopft die Veränderung an die Türe, stehen wir vor einer schwerwiegenden Entscheidung. Schicken wir die Energie zurück, wird sie wiederkommen und uns heftiger attackieren, lassen wir sie jedoch bei der Türe herein, so müssen wir bereit sein Herausforderungen freiwillig anzunehmen. Genau hier ist der Schnittpunkt zwischen emotionaler und intellektueller Intelligenz. Die emotionale Intelligenz ist ständig bereit Veränderungen zu akzeptieren, denn sie weiß aus Erfahrung, dass es ihr gut tut sich für Veränderungen zu entscheiden. Außerdem trifft diese Energie niemals von einem Tag auf den anderen wie eine Bombe in unser Leben. Nein, sie kündigt sich an und kommt zuerst auf Samtpfoten zu uns, lässt uns wissen, es ist Zeit die Kaffeetasse zur Seite zu stellen und sich mit sich selbst auseinander zu setzen. Diese freiwillige Veränderung verschont uns vor schmerzhaften Bombenangriffen. Sie gibt uns eine unbezahlbare Chance jetzt hier im Kleinen ein paar unscheinbare Korrekturen vorzunehmen. Warum wollen wir nicht auf sie hören und gänzlich ohne Schmerzen diese winzigen Verbesserungen für uns selbst vornehmen? Statt dessen verweisen wir sie barsch zur Türe hinaus. Sie kommt wieder und immer wieder, aber unsere Gewohnheit der Verdrängung zu huldigen hat sich derart in uns eingefressen, dass es uns normal und richtig erscheint die Veränderung vor den Kopf zu stoßen. Eine Zeit lang passiert nichts, aber im unsichtbaren Hintergrund verstärken sich diese Energien und warten sehnsüchtig darauf wieder entladen zu werden. Wo geladen wird entsteht Spannung und diese muss wieder

---

Raum für Notizen

abgebaut werden. Eine Regenwolke kann nicht unaufhörlich Wasser aufnehmen und dann vertrocknen. Wir haben viel Energie in das Wegschicken der Veränderung gesendet, jetzt kommt diese schwarze, dicke Monsunwolke auf uns zu. Wir suchen Schutz, können ihn in einem gut gebauten Haus finden, dennoch hören wir die eigroßen Regentropfen auf das Dach trommeln, unbarmherzig und ohne Unterlass, bis die Wolke sich erleichtert hat und von dannen zieht. Energie, die sich ansammelt, will wieder entladen werden. Behalten wir dieses einfache physikalische Gesetz im Auge und gehen wir in jedem Moment achtsam damit um, kann nichts wirklich Schlimmes passieren. Durch geschulte Aufmerksamkeit und Wachsamkeit schleichen sich nun kaum mehr heimliche Mechanismen der Verdrängung ein, die mit Nichtbeachtung eines interessanten Lernaspektes zu vergleichen sind, da die Notwendigkeit erkannt wurde, eine Veränderung als wichtig und wertvoll zu begrüßen. Das bedeutet noch nicht, einen Drang zu verspüren und sofort eine Veränderung einzuleiten. Weit gefehlt. Zuerst lassen wir diese Energie bis auf einen Meter Distanz mit ihren neuen Vorschlägen an uns heran, betrachten sie neugierig von allen Seiten, lassen sie wirken, versuchen sowohl das Ganze als auch Details wahrzunehmen und überlegen uns ernsthaft, ob Teile der Vorschläge es wert sind, angenommen zu werden.

Es liegt nur an unserer Entscheidung die kleinen Veränderungen freiwillig durchzuführen oder aber die Verdrängungs-Energien geduldig immer wieder zu aktivieren, bis schließlich die Verdichtung der Verdrängung zu gewaltig wird und wie eine Tretmine auf uns zurückfällt. Dann können wir mit Sicherheit damit rechnen für einige Zeit außer Gefecht gesetzt zu werden. Nach einem großen Angriff benötigt das angeschlagene Herz einige Zeit und bemüht sich unter großen Anstrengungen sich im Dschungel der Gefühle einen Weg mit dem Buschmesser frei zu schlagen. Und noch länger dauert es, aus dem dichten Dschungel wieder in den Genuss der weiten überschaubaren Ebene zu gelangen, das wärmende Sonnenlicht auf der Haut zu spüren und die Wunden verheilen zu lassen. Derartige Bombenangriffe

---

Raum für Notizen

treffen uns durch das absichtliche Wegschauen vor Herausforderungen, das gekonnte Verdrängen sich deutlich zeigender und unbedingt notwendig gewordener Richtungsänderungen in unserem Leben. Nehmen wir doch endlich die Augenbinde ab, öffnen die Augen weit und blicken direkt der Wahrheit ins Gesicht. Es gibt diese Wahrheit nur in diesem Moment, sie ist unwiederbringlich, ein Ausdruck und fester Bestandteil des Lebensgenusses, der Mannigfaltigkeit unseres Wesens. Durch Integration der Wahrheit in unser persönliches Leben dehnt dieser einzigartige Genuss die Beengungen des Körpers aus, lässt feinstoffliche Bereiche wahrnehmen und auskosten. Es sind meist nur Zehntelsekunden die unser Augenmerk auf die Entscheidung für oder gegen freiwillige Veränderung richten. In vielen Situationen mag eine Pause angebracht erscheinen, die uns mehr Zeitraum zum Überlegen und Entscheiden lässt. Richten wir unsere Aufmerksamkeit auf statisches Verhalten, so richten wir uns selbst, denn der Bombenangriff wird somit durch und von uns selbst vorbereitet und auf uns selbst gerichtet. Es ist nur eine Frage der Zeit!

Wir tragen für jeden noch so kleinen Schritt die Verantwortung, deshalb scheint es sinnvoll uns selbst zu schulen, kleinste Veränderungen willkommen zu heißen. Betrachten heißt noch lange nicht akzeptieren, sondern wertfrei ansehen und begutachten. Mit Offenheit und ehrlicher Aufmerksamkeit befragen wir höflich unsere Intuition, was sie für richtig hält, danken diesem wichtigen Instrument der Unterscheidung und fällen dann eine für uns gute Entscheidung, um den nächsten Schritt der Veränderung einzuleiten.

Jede für unser Weiterkommen notwendige Veränderung macht sich durch kleine Zeichen sichtbar. Nehmen wir diese nicht ernst, mehren sich die Zeichen und dringen immer deutlicher in unser scheinbar heiles Leben ein. Die Hinweise häufen sich jetzt, es ist an der Zeit in unserem Bewusstsein aufzuräumen, Klarheit zu schaffen. Verdrängen wir sie weiter und weiter kann eine Krise entstehen, die allerdings anfangs noch leicht vom Unterbewusstsein bearbeitet werden kann.

Raum für Notizen

Am deutlichsten zeigt sich die Krise durch kleinere Krankheiten und Unfälle. Sie signalisieren der betroffenen Person den nächsten Schritt zu wagen, die schweren Stiefel, die uns noch mehr hinunterziehen, auszuziehen und barfüßig den Sumpf zu verlassen. Krise bedeutet nichts weiter als von seinen Emotionen abgeschnitten zu sein. Eine Krise hilft uns wieder den Weg zu unseren Gefühlen zu erschließen, den Irrgarten zu verlassen, indem wir sehr aufrichtig die Verbindung mit uns selbst wieder eingehen. Schmerz in der Krise entsteht durch abgeschnittene Emotionen. Dem Schmerz durch Hinsehen begegnen und nicht durch Verdrängen, sich auf den Schmerz einlassen, die Wahrheit dahinter erkennen, ist das Mittel, um ein Hindurchgehen durch den Schmerz zu ermöglichen und ihn dann auch langsam und behutsam loszulassen. Wird der Schmerz verdrängt, dann ist die damit in Verbindung stehende Erkenntnis verdrängt und die ganze Erfahrung war umsonst. Der Schmerz wird durch Verdrängung wertlos, dennoch lebt er in unseren Zellen als gespeicherte Einheit weiter und kommt eines Tages, meistens zu ungünstigsten Zeitpunkten, wieder zum Vorschein und macht sich kreischend bemerkbar, ohne Rücksicht auf äußere Umstände. Der Schmerz will erkannt werden als das, was er ist: ein Mittel zur Erkenntnis, und zwar als der rascheste Weg dorthin. Oft werden wir gefragt, warum ein Weg der Selbsterkenntnis so mühsam und steinig ist. Aus einem einzigen Grund! Weil wir keine konstruktive Einstellung zur Veränderung haben. Wir haben in unserem Verstand gespeichert, dass Veränderung schmerzhaft und unangenehm ist. Haben wir eine konstruktive, förderliche Einstellung zum Schmerz, nehmen wir ihn als Mittel zum Zweck, als Hilfe zum Erkennen und Wahrnehmen, uns selbst zu sehen, dann werden wir vom Schmerz niemals in die Gasse des Leides geführt.

Das Leid führt uns in die zwangsläufige Veränderung, es lässt keinen anderen Weg mehr offen als sich vom Boden zu erheben, seine Wunden zu verbinden, die Augen weit zu öffnen, den ständig meckernden Geist auf eine Urlaubsreise zu senden und alle anderen

---

Raum für Notizen

Himmelsrichtungen zu prüfen, um schließlich einen geeigneten Pfad zu finden, der uns gangbar erscheint. Denn selbst eine „schlechte" Entscheidung ist besser als keine Entscheidung. Im luftleeren Raum hängen bedeutet rückwärts zu schreiten, deshalb fühlen sich nicht gefällte Entscheidungen so trostlos an. Noch dazu werden diese nicht gefällten Entscheidungen oft von anderen Menschen für uns gefällt, wir fallen in die Statistenrolle und stagnieren!

Der freie Wille schenkt uns jeden Moment die Möglichkeit uns neu zu entscheiden. Nehmen wir uns das Recht freiwillig die Veränderung willkommen zu heißen, leben wir Flexibilität, haben Freude an neuen Perspektiven, aktivieren unser Frühwarnsystem für neuerliche Veränderungen, die eine Chance darstellen und kein Hindernis. Wir leben in Harmonie mit unserer Intuition, erkennen den Sinn in der Veränderung und der neuen Situation, fühlen uns ausgeglichen und genießen dadurch ein erfülltes Leben.

Energie der Hingabe und Offenheit
Geborgenheit im wilden Fluss des Lebens finden

Einem Menschen mit ungeteilter Aufmerksamkeit zuzuhören, ist oft schon eine schwierige Aufgabe, entweder schweifen die Gedanken ab, oder eigene Meinungen zum Thema drängen darauf, den Redefluss des Gegenüber abrupt zu unterbrechen, um Erfahrungen, Ideen oder Ereignisse mitzuteilen. Es erfordert Geduld, eine selten gewordene Eigenschaft, in der heutigen Eiszeit der Gefühle, andere ausreden zu lassen und noch mehr Geduld, auch wirklich den Inhalt der Informationen aufzunehmen und emotional zu verstehen. Wahrscheinlich ist Geduld nur ein relativer Platzhalter, wenn wir aufrichtig einem uns nahestehenden Menschen zuhören wollen. Es erfordert einfach mehr als Geduld einfühlsam zuzuhören, es erfordert unsere volle Aufmerksamkeit und somit Hingabe an eine andere Person. Diese Hingabe wird von der sprechenden Person gefühlt, erst jetzt beginnt die Kommunikation wirklich, denn das Herz hört mit. Einfühlsames Zuhören hat mit Annehmen zu tun. Erst durch Aufnahme der Wort-Energie in unsere Gefühlswelten können wir richtig verstehen, was denn die andere Person meint. Durch den Fluss der Emotionen und unsere Bereitschaft die Emotionen des Gegenübers auf uns wirken zu lassen, ermöglicht es uns neue Facetten der sprechenden Person kennen zu lernen. Erst zu diesem Zeitpunkt lernen wir den anderen Menschen auf tiefen wertvollen Ebenen kennen. Wir sind somit von der Statistenrolle in die Rolle des aufrichtigen Austausches mit anderen getreten. Jetzt stehen wir nicht länger hinter dem Vorhang, sondern haben den mutigen Schritt in die Offenheit gewagt, neue Welten der Vielfalt und des Genusses stehen uns offen, denn wahrhafter Austausch findet auf der Herzensebene mit allen Lebewesen statt. Dadurch erweitern wir unseren Horizont um mehrere Atmosphären, wir gelangen durch diese Offenheit und Hingabe zu mehr Sicherheit!

Raum für Notizen

Unsere Gefühle haben Wissen gespeichert, etwas dazugelernt, können mit noch mehr Vielfalt umgehen, sie lassen sich auf Neues ein, unbekanntes Terrain wird geebnet.
Während einer emotionalen Herausforderung, wo Ego und Geist sich sträuben neue Richtungen anzuerkennen, liegen die Schätze von Hingabe und Fülle verborgen. Genau in diesem Zwischenreich der Emotionen (denn jedes Problem stellt einen Mangel an Entscheidung und Annehmen dar, deshalb befinden wir uns kurzfristig in einem energetischen Loch) liegt die Schönheit der Hingabe. Sie kann aufgeweckt werden durch unseren Wunsch und durch aufrichtiges Wühlen in unserem Inneren. Entscheiden wir uns einmal Hingabe zu leben, kommen die Lösungen für die verworrensten Situationen klar zu uns. Manchmal sogar im Handumdrehen. Sie liegen auf der Hand, nur das unter Verschluss gehaltene Bewusstsein konnte nichts sehen, war blind vor Fixierung auf das Problem. Hingabe ist die Tür zur Offenheit, sie lässt die vielen möglichen Lösungen für eine Herausforderung sortieren und dann annehmen. Der Strom zahlreicher Vorurteile wird gestaut, wodurch Freiraum für Neues, Gutes und Wertvolles geschaffen wird. Ein kleiner Beginn, winzige Richtungsänderungen begleiten den Strom des Lebens wie eine zweite Haut, die uns wärmen und nähren kann, oder aber zerschunden, vernarbt und löchrig ist.

Der Verstand kann nur eine sehr begrenzte Anzahl von Informationen verarbeiten, Gefühle jedoch verarbeiten um ein vielfaches mehr und spüren noch dazu mit großer Genauigkeit wesentliche Daten, die für Entscheidungsprozesse wichtig sind und unser Wachstum fördern. Je klarer wir die Wogen der Gefühlswelt verstehen, desto mehr Spaß macht das Wellenreiten, unabhängig der Höhe und Tiefe der Wellen und der Windgeschwindigkeit. Wir mögen noch so heftig durchgeschüttelt werden, hin und hergerissen, starker Wind bläst uns ins Gesicht, doch unser Entschluss steht fest: wir leben Hingabe an das Meer, die Wellen und den Wind. Es macht Spaß, bringt frische Energie, lässt die eigenen Kraftreserven spüren, eine hingebungsvolle

Raum für Notizen

Liebesgeschichte mit dem Meer, in die wir freudvoll eintauchen. Ängstliche Menschen mögen mit Verzagtheit auf hohe Wogen reagieren und sich distanzieren, doch wir nutzen diese besondere Chance, wollen die Hingabe in ihrer Vielfalt begrüßen und leben. Hingabe stellt das heimelige Verbindungsglied zu unserem Innenleben her. Erst die Hingabe ermöglicht den Zugang zu unserer inneren Wahrheit. Sie nimmt uns liebevoll an der Hand, führt uns durch dunkle Tunnel, über gefährliche Schluchten und an gewaltigen Stromschnellen vorbei. An ihrer Hand fühlen wir uns sicher, geborgen und verstanden, denn sie hält uns fest, gibt Kraft aus der Tiefe unseres Wesens, spürbare Erleichterung beim Überqueren schlammiger Straßen, die uns die Schuhe von den Füßen ziehen, aber sie, diese Freundin der Seele, bleibt an unserer Seite, treu und ergeben.

Tausende Erzählungen hingegebener Frauen, die sich um ihre Familien, Geschäfte und soziale Angelegenheiten kümmern. Tausende Geschichten hingegebener Männer, die sich um Imperien, Wirtschaft und Kreuzzüge kümmern. Die Geschichts- und Märchenbücher sind voll von Erzählungen um die Hingabe einer ganz besonderen Person, meist ein Held an eine ganz bestimmte Sache, meist die Sache der Gerechtigkeit.

Wo stünden wir ohne Hingabe? Ohne Hingabe könnten wir nicht einmal die Zeitung vom Briefkasten holen. Hingabe beinhaltet Konzentration. Wie oft ist es uns schon passiert, dass wir von einem Zimmer ins Nächste gingen, denn wir wollten etwas bestimmtes holen. Doch auf dem Weg ins andere Zimmer, ist uns der Grund verloren gegangen. Wir wissen plötzlich nicht mehr, warum wir ins andere Zimmer gegangen sind. Aus, weg, vorbei, dabei war es noch vor ein paar Sekunden so klar und deutlich, sonst hätten wir keine Anstrengung unternommen. Die Antwort auf das beliebte Warum liegt eindeutig, wie ein durchsichtiger Wassertropfen eines klaren Gebirgssees, auf der Hand: wir haben uns nicht genug konzentriert, uns nicht einmal annähernd hingegeben, eine uns doch wesentlich scheinende Handlung auszuführen. Erst die Zusammenarbeit von bedingungs-

---
Raum für Notizen

loser Hingabe und wertfreier Konzentration scheint uns neue Dimensionen großer Offenheit zu erschließen. Bei allem, was wir lernen, uns aneignen, bei allen Fähigkeiten, die aus unserem Innersten heraussprießen, wie eine Frühlingsblume nach dem langen kalten Winterschlaf, hellgrün und farbenprächtig, durchschreiten wir neue Tore. Jedes dieser Tore öffnet unser geistiges Verständnis mehr und mehr. Offenheit ist der einzige gerade Weg zu neuen Erkenntnissen und Entschlüssen. Erst durch die Offenheit entwickelt sich die Hingabe zu uns selbst, zu unserem wertvollen Wesen, dem strahlenden inneren Kern, der in jeder Kultur einen besonderen Namen trägt.

Wir nähren und pflegen diesen inneren Kern durch unsere Öffnung zu uns selbst und die Verantwortung uns selbst gegenüber. Unser Kern ist wie ein Motor, mal langsam, mal schneller, er bringt uns von einem Ort zum Nächsten. Ob wir mit dem Geist reisen und uns jetzt vorstellen am Palmenstrand zu liegen, oder im Gebirge zu wandern, selbst dann benötigen wir diesen Motor, er versorgt unser System, auch im Ruhen und Schlafen. In voller Aktivität gibt sich der Motor unseren Wünschen hin und bemüht sich bestmöglich zu dienen, damit wir zufrieden sind. Wir benutzen diesen Motor ständig und erwarten von ihm volle Hingabe in allen Aktivitäten und völlige Offenheit für unsere kreativsten Wünsche. In einer Sekunde wollen wir dieses, in der Nächsten etwas völlig anderes. Wir scheinen manchmal wie Gefangene in unserem eigenen Geist, weil der Motor auf Vollgas fährt und wir uns noch nicht für eine bestimmte Richtung entscheiden können. Im Laufe der Zeit bedecken wir den Motor mit verschiedenen Schichten von Schmutz, schleimige, klebrige Substanzen behindern ein ruhiges Laufen des Motors, Schnüre, Algen und Sand verkleckern das Getriebe. Mit jedem Lebensjahr wird dieser Motor unruhiger und langsamer. Obwohl wir nach den Gründen fragen erscheinen uns keine Antworten. Mit heraushängender Zunge hetzten wir scheinbaren Lichtblitzen in unserem Leben nach, der Motor ist nur noch sehr langsam, wir kennen den Weg der Freilegung des Motors nicht, möchten aber frei und hingegeben sein, uns selbst zu treffen.

Raum für Notizen

Das tatkräftige Freischaufeln unseres Motors, dieser brennende Wunsch uns endlich selbst zu treffen, uns zu öffnen für unser klares, reines Wesen, genau das bringt Energieströme, die uns wieder Leben spüren lassen. Tiefe Atemzüge, mit denen längst vergessene Ur-Ideen für unseren Lebenssinn auftauchen, Gedanken an klangvolle Wünsche, ein Leben in Harmonie und Gleichklang. Lang vertrocknete Emotionen neu entdecken, wie ein Liebespaar, allerdings jetzt mit sich selbst, im Sonnenschein spazieren gehen, in Zufriedenheit mit sich und der Welt. Wollen wir das wieder erreichen? Wir alle haben in jeder Sekunde die Möglichkeit das zu tun, in Wertschätzung zu uns selbst und mit liebevoller Hingabe an unsere Fähigkeiten. Durch dieses Aufmachen und Klären unseres Charakters gelangen wir auch mit allen anderen Lebewesen in harmonischen Austausch und Verlangen nach mehr Vielfalt und immer neuen Erfahrungen. Jetzt erschrecken uns neue Erkenntnisse nicht mehr, sie inspirieren uns auf unserer Entdeckungsreise, das Leben in vollen Zügen aufzunehmen, Schönheit in jeder Handlung zu erkennen, Freude mit sich und anderen zu teilen.

Der Motor ist wieder angesprungen, ein deutliches Brummen ist zu vernehmen, wir wachen auf, wollen wieder Gas geben in unserem Leben. Alte Hüllen in Form von Vorstellungen, eingelernten Torturen, verkrusteten Traditionsmustern fallen ab, wie ein löchriger Mantel, der ohne jede Anstrengung von den Schultern zu Boden gleitet. Ein neuer Lebensabschnitt beginnt. Wir lösen die Handbremsen in unserem verrosteten Geist, karren Kübel von Unrat nach draußen, befreien uns von verkrampften Lebensweisen. Diese Hingabe zu uns, liefert uns rasch und sicher innerhalb weniger Minuten ein unglaubliches Wohlgefühl und ein neues Gefühl der Freiheit und Weltoffenheit macht sich breit. Emotionen dehnen sich aus, als wären sie Gummibänder, das Farbspektrum unserer Gefühle erweitert sich in rasanter Geschwindigkeit und lässt uns den Himmel und die Erde gleichzeitig erfahren. Ein ungestümer Wunsch nach Lebenshunger erfüllt unser zartes menschliches Wesen. Wir scheinen brüllender Löwe in der

---
Raum für Notizen

Prärie und riesiger Wal im Ozean gleichzeitig zu sein, wollen laufen, schwimmen, fliegen, anfassen, verstehen, erkennen und annehmen. Mit unserer Hingabe durchbrechen wir eine grüne, mit hohen Bäumen und Dickicht verwachsene Grenze in unserem Kopf und erfahren ein ganz großes und wesentliches Geheimnis des Lebens: alles was wir aufrichtig annehmen offenbart sich, wie eine tropische farbenprächtige Blume öffnet sich die Erfahrung für uns, nur für uns in diesem Augenblick. Jetzt befinden wir uns im sanft fließenden Strom des Lebens. Wir reisen von einer Erkenntnis zur Nächsten, genießen jeden Abschnitt, bestimmen all unsere Wege selbst, denn unsere Hingabe zur Intuition ist zu unserem Lebenselixier geworden. Sie gibt uns alles was wir brauchen, um beschützt den Weg der inneren Weisheit zu gehen. Wir fühlen uns in der Vielfalt des Universums geborgen, nähren uns an den Früchten der Mutter Erde, verstehen die Mannigfaltigkeit der Welten, Kulturen, Rassen, Völker und genießen diese Verschiedenheit.

Es wird uns fast unverständlich, wie wir früher Veränderungen, sich rasch ändernde Situationen, als unangenehm wahrgenommen haben. Wir sind weder verpflichtet noch verdammt alles zu übernehmen, aber in dem Augenblick, wo es auf unserer geistigen Bildfläche erscheint, wollen wir es willkommen heißen und können es somit auch gleich wieder verabschieden, wenn es uns nicht gefällt, nicht in unseren Lebensplan passt. Nur wenn wir daran kleben bleiben, wie auf klebrigem Kautschuk, dann erfahren wir Unangenehmes, sonst niemals. Aber diese Erkenntnis mussten wir uns meistens erst hart erarbeiten, denn wir sind es gewohnt auf erdachten Bildern sitzen zu bleiben und so lange auszuharren, bis jemand anderer für uns eine Veränderung schafft oder wir schon am Zahnfleisch gehen, sodass wir mit Gewalt gezwungen werden einen neuen Weg einzuschlagen. Warum schlagen und geißeln wir uns selbst mit qualvollen Bildern, die im Kopf entstehen, statt mit unserer inneren Weisheit zu kooperieren und die unpassenden Situationen loszulassen. Es scheint wie ein unausgesprochener Fluch, dass wir lieber die angsterfüllten, sor-

---
Raum für Notizen

genvollen Bilder als Realität annehmen, statt die freudvollen, liebevollen und inspirierenden Wahrheiten. Leben wir die Fülle der Energien in uns, akzeptieren wir die unterschiedlichen emotionalen Wellen und Ströme, nehmen sie liebevoll an, dann nehmen wir das Leben an und versinken nicht in Selbstmitleid und Frustration. Übernehmen wir doch endlich Verantwortung für unsere Hingabe und Offenheit, denn sie bringen uns zu Wahrheit und Freude, zu Integration und Tiefe. Wir lernen uns und unsere Handlungen aus neuen Perspektiven zu verstehen. Dieses Verstehen schenkt uns weitere Fülle, so wandern wir auf unserer Entdeckungsreise von einer Perle zur Nächsten. Am Anfang finden wir zwischen den Perlen noch drahtige Seile, auf denen wir wie ein Seiltänzer über gefährliche, schaurige Abgründe balancieren müssen, aber je weiter wir gehen, desto geringer werden die Abstände zwischen den Perlen und schließlich steigen wir bequem von Perle zu Perle, empfinden die angenehmen Seiten der geistigen Weiterentwicklung. Durch stetiges Üben wird auch der drahtige Abstand zwischen den Perlen geringer und nach aufrichtigem längeren Üben können wir sogar mit jedem Schritt auf eine Perle treten, deren Oberseite flach gefeilt und somit perfekt für unsere Fußform zurechtgeschliffen ist, damit wir sicher auftreten können.

Anfangs mag es schwierig sein den Motor zu reinigen und zu enthäuten von all dem geistigen Unrat, den grausigen Bedeckungen, aber im Laufe der Monate und Jahre fällt es uns immer leichter, ja mit kindlicher Freude reinigen wir Schicht um Schicht und sind auch noch dankbar für jede Unterstützung von Menschen, die Erfahrung mit Motorreinigung haben. Es wird zu einem Spiel diesen Motor täglich zu reinigen. Eines Tages beginnt der Motor zu glänzen und dieser Glanz scheint zuerst vorsichtig und dann mit immer größerer Intensität nach draußen in die Welt. Wir erkennen andere strahlende Motoren, die sich da draußen in der Steppe, auf der Wiese, der Straße, im Urwald, der Millionenstadt, dem Highway bewegen, sehen Geschwister, Eltern, Onkel, Tanten, Freunde, Verwandte und beginnen neue Beziehungen mit diesen strahlenden Wesen aufzubauen.

Raum für Notizen

Nur unser starker Wunsch Hingabe zu leben hat unseren Motor wieder in Gang gebracht, täglich die Tatkraft in Form von PS erhöht. Wir haben das Getriebe mit unserer Offenheit und Aufrichtigkeit geölt und die Reifen erneuert. Das Lenkrad ist beweglich durch unsere Flexibilität, es lässt uns jede beliebige Richtung einschlagen. Es gibt für uns nur noch richtige Richtungen, denn wir lauschen mit Spannung dieser zart wispernden Stimme der Intuition, die immer präsent ist, uns helfen und unterstützen will. Sie gibt uns Freiheit in ungeahntem Ausmaß. Nichts steht einer Ausfahrt mehr im Wege. Es ist unsere Entscheidung gewesen diesen Weg zu gehen, und Hingabe zu dieser Entscheidung hat unser Leben unendlich bereichert. Alle irdischen Güter würden nicht reichen dieses Gefühl des Glücks zu bezahlen. Es ist unbezahlbar, unendlich, minütlich erneuerbar und in unvorstellbaren Mengen zur Verfügung.

Wir können unser Glück nicht nur ständig erneuern, wir sollen es sogar, um noch mehr Vielfalt und Freude zu erfahren. Bleiben wir in unseren alten Gedanken hängen, so verursachen wir einen geschlossenen Kreis, der uns immer wieder mit unseren Problemen und Schwierigkeiten konfrontiert. Diese wachsen dann zu gewaltigen Monstern heran, stehlen uns den Schlaf und die Fähigkeit unser Leben aktiv zu gestalten. Wir werden zu Marionetten negativer Energien, das heißt nicht integrierter Energien, weil wir diese Energieformen nicht transformieren und nicht wissen, wie wir sie richtig, das heißt förderlich für uns, einsetzen. Durchbrechen können wir diesen lähmenden Kreislauf mit heller Energie, die wir meditativ einfließen lassen und vor allem, indem wir uns mit all unserer Aufmerksamkeit guten und positiven Gedanken und Handlungen zuwenden. Dann werden wir sofort Erleichterung erfahren. Wendet euch an Menschen, die viel Licht-Energie in ihren Zellen integriert haben, eine strahlende Ausstrahlung haben und emotionalen Tiefgang gepaart mit Wahrheit leben! Durch dieses Licht werden die Geiseln dunkler, verdichteter Energien sofort transformiert. Sobald ihr etwas Erleichterung fühlt, wendet euch sofort eurer Intuition zu, damit ihr euch nicht selbst in

Raum für Notizen

Abhängigkeit anderer bringt. Lebt eure Individualität, lasst es zu, dass ihr ständig mit eurer inneren Weisheit in Kontakt seid, öffnet euch vollen Herzens für euch selbst. Erst dann könnt ihr in harmonische Beziehungen mit anderen treten. Es ist euer gewohnter Mangel an Hingabe und Offenheit, der eure Beziehungen zu anderen schwierig oder sogar unmöglich gestaltet. Zuerst wird die Hingabe zu sich selbst gelebt. Hingabe zu sich hat nichts mit Egoismus zu tun. Egoismus bedeutet andere nach eigenem Gutdünken zu manipulieren und kontrollieren. Würden alle Menschen in Hingabe zu sich leben, wären die Beziehungen sehr harmonisch und wir würden auch nur Partner/innen wählen, die wirklich stimmig mit unserem Innenleben sind.

Verlangt von euch selbst mehr, noch mehr Hingabe und größere Offenheit, habt keine Angst vor Dunkelheit, denn erst die Angst vor Dunkelheit lässt sie vor euch erscheinen. Stellt eine Kerze in diese Dunkelheit und es wird plötzlich hell, sehr hell, die Angst verschwindet und eure Hingabe wächst, wie ein zartes Pflänzchen. Gießt und düngt diese Pflänzchen mit eurer Aufrichtigkeit, dann wird es stark und leistet im Laufe der Jahre auch den stärksten Tornados Widerstand.

Jetzt lässt euch ein emotionaler Orkan nicht mehr erschrecken, höchstens ein wissendes Lächeln auf eure Lippen zaubern, denn die Hingabe im Herzen hat euch stark und kräftig gemacht. Mit diesem Wissen über den emotionalen Haushalt, der auch im Verstand geparkt ist, könnt ihr ruhigen Gewissens jeden Tornado durchschreiten. Es macht euch von nun an Spaß, emotionale Wirbelstürme zu orten und zu durchschreiten. So werdet ihr zu Vorbildern, zu Vorbildern für euch selbst. Andere betrachten Herausforderungen nun nicht mehr als Grenzbalken in ihrem Leben, der sie unnötig aufhält, bis irgendjemand ihn öffnet. Nein, ab sofort nehmen wir uns alle gemeinsam die Freiheit, statt Problemen unglaublich schöne Entwicklungsmöglichkeiten zu sehen. Unsere Freudenenergie beginnt sich im Herzen zu stapeln, wir beginnen das Leben als Fest zu betrachten und feiern jeden Tag. Alle Gedanken sind manifestierbar. Es ist un-

Raum für Notizen

sere Entscheidung und Wahl, was wir für unser Leben manifestieren wollen und von welchen Energien wir uns fernhalten wollen. Es gibt keine Grenzen, die von anderen gemacht werden. Wir bauen uns unsere eigene Welt, nach unseren Wahrnehmungen. Somit haben wir in jedem Moment die Freiheit unsere Offenheit zu leben, oder zauderndes Austerndasein, unsere Hingabe zum Leben oder das Leben von uns zu weisen. Entscheide dich jetzt neu!

Energie geistiger Familien
Warum wir sie brauchen und wie wir sie finden

Die meisten von uns kennen die eigene Ursprungsfamilie und haben täglichen oder zumindest regelmäßigen Austausch mit ihr. Dennoch leben weltweit Millionen von Kindern auf der Straße, kennen oft weder Vater noch Mutter. Sie werden von anderen Straßenkindern "aufgezogen", kennen keine Geborgenheit innerhalb einer halbwegs funktionierenden Familie.

Die Statistiken geben ein klares Bild unausgewogener Familienstrukturen, die Hälfte aller Ehen werden geschieden, ein Großteil der Menschen ist in ihren Partnerschaften unzufrieden. Hohe Erwartungen an andere, ohne an sich selbst zu arbeiten, kann nicht zu Zufriedenheit führen.

Die Herausforderungen auf diesem Planeten nehmen fast täglich zu, der Stress wird immer unerträglicher, die Probleme türmen sich wie Wolkenkratzer im Wohnzimmer auf, ohne Aussicht auf Lösung oder Erleichterung. Die Anforderungen an die kleine Zelle Familie sind zu hoch geworden, der selbsterzeugte Druck führt in die rationale und emotionale Sackgasse. Dort verweilen manche kurz, bis der Kampf ums Dasein aufs Neue aufgenommen wird. Es scheint ein endloses Gemetzel um sinnlose Machtpositionen, sowohl im Berufsleben, als auch im Privatleben. Je weniger Zufriedenheit, desto höher werden die Ansprüche. Gewaltig ist auch der Frusteinkauf, der Suchteinkauf und die fast wahllose Konsumierung von Unterhaltung und Magenfüllern (ursprünglich: Nahrungsmittel). Die Unzufriedenheit kennt keine Grenzen, sie überschreitet jedes Feingefühl der Emotionen und lässt ihren Energien freien Lauf. Wie ein Ungeheuer frisst sie sich in unsere Gehirne, nagt sich durch kühlen Menschenverstand, lässt wärmende Emotionen durch den Ausguss hinunter fließen, wobei nur noch der Wunsch nach mehr und mehr und noch mehr entsteht. Unzufriedenheit macht uns zu willenlosen Wesen, die sich gerne als

Raum für Notizen

Konsumopfer ausnutzen lassen. Denn nur noch die Droge, Konsum von Genussmitteln oder Einkäufen, lässt in uns ein kurzes Gefühl von Zufriedenheit aufflackern.

Wir fühlen uns unverstanden, einsam, ausgelutscht und hohl, die Neugierde auf das Leben ist verschwunden, Interesse und Abenteuerlust sind längst nicht mehr unsere Begleiter. Die Liste der unangenehmen Gefühle lässt sich unendlich fortsetzten, eine Geschichte ohne Ende.

Warum streifen uns diese unguten Energien, wenn wir uns mit Familien auseinandersetzen? Es ist zu klar und deutlich sichtbar, wo die Qualität unseres Lebens liegt. Keine Genussmittel, keine Besitztümer lassen uns den Reichtum wahrer qualitativ hochwertiger Beziehungen ersetzen. Die Qualität von Beziehungen ist ein wesentlicher Bestandteil unserer Lebensfreude. Nur wenige Menschen sind tatsächlich Eremiten, und selbst bei diesen stellt sich die Frage, wie lange sie das Eremitendasein genussvoll leben können.

Obwohl wir uns oft abhängig fühlen Beziehungen zu leben, scheint die praktische Handhabung in unserer zivilisierten Welt schwierig bis sehr kompliziert. Viele Gründe können dafür angeführt werden, diese aufzuzählen überlassen wir der sozialen Wissenschaft, die sich ausführlich damit auseinandersetzt.

Wir wollen nun gemeinsam versuchen für diese Tatsachen andere Gedankenansätze zu erkunden, unsichtbare Quellen an die Erdoberfläche lotsen, Gewichtung und Verantwortung für uns selbst innerhalb einer Familie feststellen. Wir wollen gemeinsam die Bedeutung geistiger Familien verstehen lernen, um auch für unser Leben wesentliche Entscheidungen auf der Basis eines neuen Verständnisses von Ganzheit zu treffen.

In unseren kühnsten Träumen nehmen wir die Familie als einen Ort des gegenseitigen Verständnisses wahr, wobei Geborgenheit, Schutz, gegenseitige Unterstützung, liebevoller Austausch, Zuflucht bei Herausforderungen und Harmonie wohl einige der Pfeiler eines glückli-

---
Raum für Notizen

chen Familienlebens darstellen. Wird eine Familie neu gegründet, sei es gewollt oder indem es einfach passiert, so sehen wir uns in einem rosa Traum von Erwartung und Erfüllung, und zwar genau so lange, bis wir eines Besseren belehrt werden. Das Leben ist weder grausam, noch ungerecht, deshalb sollten wir doch einfach ganz harmlos unsere Einstellungen zum Leben betrachten. Wie haben wir Familie bisher gelebt und welche Vorbilder haben uns geprägt? Welche Anstrengungen haben wir unternommen, um alte Muster abzulegen? Wie sehr sind wir in unseren Ahnenmustern „hängen" geblieben, wollten wir uns jemals davon befreien oder war es gemütlich und risikofrei dort zu verweilen, wie Efeu im verzauberten Schlossgarten? Dürfen wir uns wundern, wenn wir keine oder wenige Anstrengungen in unserem Innenleben, nicht im Äußeren(!), unternehmen, dass wir feststecken, wie die Gerbera am Stiel? Ja, ja wir sehen schon, jetzt kommen Fragen ohne Ende und dann dürfen wir uns noch die Haut abziehen, um endlich die Wahrheit zu erfahren. Wohin soll das alles führen?

Es gibt zwischen materieller und geistiger Familie einen gravierenden Unterschied! In beiden Familien sind Eltern, Kinder, Brüder und Schwestern, Großeltern, Onkel und Tanten, Cousins und Cousinen. Mit einem geschulten Auge können wir den Unterschied feststellen. In rein materiellen Familien kann sowohl nach außen, als auch nach innen gelebt werden, allerdings fühlen alle Familienmitglieder, dass bei intensivem emotionalen Leben nach innen, etwas nicht stimmig ist. Es fehlt etwas. So als wolle man in die Familie der Rosen ein Veilchen stellen und das Veilchen als vollwertiges Rosen-Familienmitglied erklären. Das Veilchen spürt, dass es fehl am Platz ist, aber es kann sich nicht eindeutig deklarieren. Es fühlt sich wie ein Vogel im falschen Nest. Diese Familien können sich auch wunderbar weiterentwickeln, allerdings nur bis an einen bestimmten Punkt. Wenn sie an diesem Punkt angelangt sind, dann wird der nächste Schritt notwendig. In dieser Phase sind wir zur Zeit auf dem Planeten Erde angelangt. Oft täuscht in materiellen Familien eine trügerische, fast

---
Raum für Notizen

heuchlerische Harmonie, die diese Familie wie eine optimale Familie aussehen lässt. Blicken wir jedoch tiefer, so erkennen wir die Leichen am Meeresgrund und wagen kaum, diese heiklen Themen anzugreifen. Wichtig ist hier zu erwähnen, dass jede materielle Familie zu einer geistigen Familie werden kann. Die Zutaten für das Rezept sind Aufrichtigkeit, Klarheit und ein ehrliches Wollen, Öffnung und der Wunsch mit sich selbst in Harmonie zu leben. Dadurch werden die Zeiten sich selbst anzulügen endgültig ad acta gelegt. Die Entscheidung eine geistige Familie mit tiefer Herzens-Verbundenheit zu werden, liegt bei jedem Familienmitglied selbst.

Geistige Familien mögen auf den ersten Blick oft von unglaublichen Herausforderungen heimgesucht sein, aber ihre innere Verbundenheit und ihr Vertrauen in sich selbst und auch in jedes der Familienmitglieder ist unerschütterlich. Es gibt einen silbernen Faden, der auf zarte, eindeutige und klare Weise alle Familienmitglieder einer geistigen Familie miteinander verbindet. Diese innige Verbundenheit basiert auf der freiwilligen Entscheidung aller Mitglieder, hat weder Kontrollmechanismen, noch wird Macht ausgeübt. Ein offenes und freiwilliges aufeinander Zugehen, das getragen ist von Verantwortung und konstruktivem Austausch. Jedes Mitglied der Familie fühlt sich völlig eigenverantwortlich für den inneren Prozess und bemüht sich täglich Veränderungen im Inneren herbeizuführen. Die anderen beschützen und unterstützen dabei gleichzeitig mit liebvoller Anteilnahme und großer Wertschätzung.

Das Gefühl der Harmonie kann es in beiden Familienarten geben, dennoch unterscheidet es sich in beiden Familien grundlegend. Wenn in der materiellen Familie Probleme bis an die Grenze des ertragbaren gehen können und es wesentlich leichter zum Bruch kommt, da die tiefen Verbindungen eher durch Gewohnheit, als echten tiefen geistigen Austausch bestehen, so werden in der geistigen Familie die Herausforderungen oft schon beim Auftreten aufgeteilt und jeder übernimmt gemäß der eigenen Kapazität einen Teil des Problems und trägt zur Lösung bei. Wie groß auch immer die Sorgen sein mö-

Raum für Notizen

gen, eine geistige Familie zerbricht daran nicht. Sie nutzt Schwierigkeiten, um zu wachsen, das Zusammengehörigkeitsgefühl zu stärken, den Austausch in der Gruppe zu intensivieren und den nächsten Schritt gemeinsam zu gehen. Das sind die wesentlichen Faktoren und Erkennungsmerkmale einer geistigen Familie. Alle Familienmitglieder haben den Wunsch sich weiterzuentwickeln, wobei Schwächere in ihrer Entwicklung liebevoll unterstützt werden. Das Ziel ist ein gemeinsames Wegbereiten für jedes Familienmitglied, um die individuelle Natur in geschütztem Rahmen zu entfalten, jeden Moment in der Gemeinsamkeit zu leben, diese Herzensverbundenheit immer tiefer und klarer werden zu lassen. Durch die besondere geistige Haltung zwischen den Eltern und zwischen Eltern und Kindern haben die Kinder ein Vorbild, wie positiv mit Problemen umgegangen wird. Das macht Kinder schon im Schulalter konfliktsicher. Sie lernen den freien Umgang mit unangenehmen Situationen und es schult sie für ihre spätere Partnerschaft auf wertvolle Weise. Es ist niemals eine Lösung Konflikte zu verbergen, denn sie bringen Wachstum für alle Beteiligten.

Ehrlich und aufrichtig in unser Familienleben blickend, wie viele unserer Konflikte, Wünsche und Meinungen unterdrücken wir zum 'vermeintlichen' Wohl der Familie? Haben wir jemals bedacht, dass alle unterdrückten Gefühle sich wie ein riesiger Ball in uns stauen und eines Tages, genau dann, wenn wir es am wenigsten brauchen können, aus uns herausplatzen, wie ein Luftballon, der zu stark aufgepumpt wurde? Ob wir Wasser oder unsere Emotionen endlos aufstauen, es gibt kein Entrinnen, entweder brechen sie aus uns heraus, oder wir spülen sie mit „Genussmitteln" hinunter. Wir werden für die aufgestauten Emotionen immer mehr Genussmittel benötigen, um auch nur eine kleine Erleichterung der emotionalen Luftballons in unserem Bauch zu spüren.

Entweder fragen wir uns eines schönen Tages, ob die Unterdrückung und das damit verbundene Weitertragen emotionaler Lasten es wert ist, immer wieder hinuntergespült zu werden, oder wir beginnen auf-

Raum für Notizen

richtig den Mülleimer voll Altlasten zu öffnen, den Schmerz verdörrter, teilweise verschimmelter Gefühle und Verletzungen zu ertragen und noch immer lebendige Emotionen, eine nach der anderen herauszunehmen, zu pflegen, um unser Innenleben zu heilen. Anfangs mag diese Arbeit wie ein Aufenthalt in der Löwengrube erscheinen. Ständig in Angst vor den langen Zähnen wilder Löwen, Tiger und Eber, die jeden Moment zubeißen können und somit zusätzlich zur mentalen Angst, die eigentlich nur aus der Vorstellung entspringt, uns auch noch den körperlichen Schmerz zufügen könnten. Ein Labyrinth geistiger Hilferufe nach draußen verhallt ungehört, aber in uns beginnt sich etwas zu regen. Unser zutiefst verletztes Selbstwertgefühl ruft verzagt nach Anerkennung. Aus der Umgebung ist weder Anerkennung noch Hilfe zu erwarten, nur in uns muss jetzt das Juwel der Selbstachtung gefunden werden. Verzweifelt jagen wir nach vergänglichen Gütern, doch unsere Selbstachtung ist bis jetzt auf der Strecke geblieben. Wir haben uns gesonnt in der scheinbaren Harmonie der Familienidylle, einer vielversprechenden Karriere und guten Freunden. Fallen uns eines Tages Steine auf den Kopf mit denen wir nichts anzufangen wissen, haben wir wahrscheinlich nicht den Weg einer geistigen Weiterentwicklung gewählt. Fallen uns Steine auf den Kopf und wir verstehen diese als Wegweiser, so sind wir mitten in unserer geistigen Weiterentwicklung und nutzen diese fallenden Steine um weiser, einfühlsamer und verständnisvoller zu werden. Wir beginnen nach unseren inneren Juwelen zu graben und finden eines nach dem anderen. Auf eben dieser Suche nach Juwelen können wir innerhalb unserer geistigen Familie einen unermesslichen Schatz an Unterstützung finden. Wir können uns gemeinsam freuen, wenn ein Familienmitglied Fortschritte macht. Was am Anfang noch als Überwindung betrachtet wird und manchmal als schier unüberbrückbares Hindernis, kann auf lange Sicht gesehen zu einem Abenteuer und faszinierenden Spiel werden. Nehmen wir innerhalb der Familie Probleme zu schwer, so wirken sie sich sehr belastend auf alle Familienmitglieder aus. Sie können nur über Umwege zu Lösungen geraten, indem sie Hilfe von Außen annehmen. Ganz

---
Raum für Notizen

wesentlich ist, dass immer zumindest eine Person positiv bleibt und einen Lichtschein am Ende des, manchmal sehr langen und dunklen, Tunnels sieht. Diese Person kann dann die Stimmung der ganzen Familie heben. Jemand muss in der geistigen Perspektive verankert bleiben. Eine einzige Person macht den Unterschied.

Geistige Familien tragen wesentlich zum inneren Frieden bei, denn sie verstehen Konflikte positiv und konstruktiv zu leben, sie lernen Lösungen zu erkennen und sehen Herausforderungen als Möglichkeit zur Weiterentwicklung.

Durch ihre innere Haltung der Treue untereinander und der aufrichtigen Verbundenheit fühlen sie sich immer nah und können auch in Zeiten der physischen Abwesenheit Nähe intensiv und wohltuend empfinden. Geistige Familien sind ein wertvoller Anker in unruhigen Zeiten und beeinflussen durch ihr Vorbild. Jedes Familienmitglied lebt individuelle Neigungen und wird darin noch bestärkt. Niemand versucht, Einheit durch Gleichheit zu forcieren. Individualität wird hoch geschätzt, geachtet und gefördert.

Ablenkungs-Energien:
Warum wir diese wertvollen Hinweistafeln zu unserem Nutzen einsetzen sollten!

Eine wichtige Arbeit steht im Terminkalender und noch bevor wir damit beginnen können, saust mit unglaublicher Geschicklichkeit unsere berühmte Ablenkungs-Energie vorbei, um uns ein wenig aufs Glatteis zu führen. Sie gibt sich große Mühe uns von unseren Überzeugungen und Entscheidungen fernzuhalten und stiehlt uns unsere wertvolle Zeit. Woher kommen diese Energien und warum kontaktieren sie uns immer wieder? Wie können wir diese Energien konstruktiv transformieren und vor allem frühzeitig erkennen, ohne Zeit zu verlieren?

Wir haben den festen Entschluss gefasst eine bestimmte Tätigkeit zu einer festgesetzten Zeit zu verrichten und plötzlich kommen unvorhergesehene Telefonate, die Türglocke läutet, oder die Kinder müssen schnell zu einer Sportveranstaltung gebracht werden. Oft fühlen wir uns als „Opfer" unserer Entscheidungen, die wir nicht oder manche sogar niemals ausführen. Manchmal ertappen wir uns als ein wenig willensschwach, eine einmal oder sogar schon mehrmals getroffene Entscheidung doch endlich auszuführen. Wir werden lieber Opfer der Umstände, finden schnell eine Handvoll Entschuldigungen, fühlen uns aber nicht so recht wohl dabei. Ganz tief im Inneren bäumt sich etwas auf, etwas das zu unseren getroffenen Entscheidungen stehen möchte und endlich die kreative Energie freisetzen möchte. Stehen wir nicht zu mindestens hundert Prozent zu unserer Entscheidung, so machen sich eifrig wie zehn Heinzelmännchen die Ablenkungs-Energien ans Werk. Sie hämmern und sägen an unseren Einstellungen, prüfen, ob wir tatsächlich aufrichtig zu uns selbst waren. Haben wir in Einklang mit unserer Intuition diese Entscheidung gefällt, oder nur um uns selbst zu gefallen? Oder noch schlimmer: Haben wir eine bestimmte Entscheidung nur getroffen,

---
Raum für Notizen

um anderen zu gefallen? Das würde bedeuten, wir werden nur mit großer Mühe und Anstrengung die geplante Tätigkeit verrichten, denn wir stehen kaum bis wenig dahinter. Ablenkungs-Energien sind hier ein Muss, denn sie haben die Aufgabe uns aufzuzeigen, wie ehrlich wir mit uns selbst sind und welche Priorität eine einmal gefällte Entscheidung für uns wirklich hat. Ablenkungs-Energien sind für unseren weiteren Fortschritt unerlässlich.

Wir können Ablenkungs-Energien zu unseren Dienern machen, indem wir erstens prüfen, ob wir wirklich voll hinter unserer Entscheidung stehen und zweitens erforschen, ob diese Handlung im Einklang mit unseren Werten und unserer Wahrheit steht. Beantworten wir nur diese zwei einfachen Fragen, so können wir entweder die Ablenkungs-Energien sofort hinter uns lassen, oder wir treffen eine neue Entscheidung, die unserem Wesen wesentlich besser entspricht. Wir ersparen uns Stunden, Tage, manchmal sogar Wochen an Zeit.

Es ist kaum zu glauben, dass die größten Ablenkungs-Energien von Menschen repräsentiert werden, mit denen wir eigentlich nichts zu tun haben wollen, sie aus Höflichkeit aber auch nicht zurückweisen, und dann für kürzere oder längere Zeiträume immer wieder mit der Energie dieser Personen konfrontiert werden. Jetzt können wir natürlich verschiedene Lernaspekte aus der Gemeinschaft mit diesen Personen ziehen. Dennoch stellt sich die Frage wie lange man dieser ziehenden und manchmal sogar aufreibenden Energie standhält. Ist es wirklich notwenig sich mit Menschen, die scheinbar nicht zu unseren Energiezyklen gehören auseinander zu setzen? Wenn wir es gelernt haben diese Energien zu verstehen, dann fallen sie von alleine ab. Wie ein welkes Blatt fallen sie von uns ab und sehen keinen Grund mehr mit uns Kontakt aufzunehmen. Je näher wir unserer individuellen Bestimmung kommen, desto häufiger treffen wir Ablenkungs-Energien, die aber auch, je nach unserem emotionalen Entwicklungsstand, an uns haften bleiben oder schnell wieder abgeschüttelt werden können. Wie Tropfen fallen sie vom Baum, wenn wir uns in unserer Bestimmung nicht beirren lassen, sondern gerad-

---
Raum für Notizen

linig weitergehen. Es gibt kollektive und persönliche Ablenkungs-Energien. Erstere sorgen dafür, dass Menschen in ihren alten Mustern bleiben, um sich nicht weiter zu entwickeln und alte Trampelpfade beizubehalten. Jedes unbewusste Annehmen von Ablenkungs-Energien nährt und stärkt diese Energie, die dann als logische Schlussfolgerung Menschen manipuliert oder auch energetisch schwächt. Wir sind alle von kollektiven Energien beeinflusst und können uns nur durch eine aufrichtige Innenschau ein Bild davon machen, welche Energie jetzt vom Kollektiv kommt und welche von uns selbst. Ablenkungs-Energien beeinflussen nicht nur unsere persönlichen Entscheidungen, sie können tatsächlich dazu beitragen, unsere Willenskraft und unsere Klarheit zu stärken. Genau hier ist ein gegen den Strom schwimmen von unerlässlicher Bedeutung. Hier sollten wir unsere physischen und geistigen Muskeln anspannen und nichts unversucht lassen, um geschickt die Stromschnellen der Ablenkungs-Energien zu durchschwimmen. Kollektive Ablenkungs-Energien sind schwierig zu handhaben, denn es sind Energien, die von Tausenden oder gar Millionen von Menschen gedacht werden und diese beeinflussen uns mit unvorstellbarer Macht. Zuerst müssen wir die kollektiven Ablenkungs-Energien überwinden. Diese tägliche Übung an uns selbst fühlt sich an manchen Tagen wie ein dichter, undurchdringlicher Dschungel an, der verwachsen und unüberwindbar scheint. Wählen wir dennoch den Weg durch den Dschungel, so gelangen wir eines Tages auf eine Lichtung und erreichen dadurch auch die Lichtung in uns selbst. Der Dschungel repräsentiert nicht nur die wirren Energien in uns selbst, die wir noch nicht zuordnen können und über deren Ursachen und Nutzen wir keine Klarheit haben, sondern auch den Mangel an Willenskraft. Ist unsere Willenskraft stark, sehen wir keinen verwirrenden Dschungel, keine Ablenkungs-Energien. Ist unsere Willenskraft nicht stark genug müssen wir uns vorsichtig an unsere eigenen Energien, die im Dschungel der kollektiven Energien fast verloren scheinen, herantasten. Langsam, aber doch spürbar, beginnen wir das Abenteuer einer Reise zu unseren Gefühlen, den wahren Gefühlen, die bis jetzt gut versteckt im Dschungel

Raum für Notizen

geschlafen haben. Ein farbiges Schauspiel tanzender Lianen beginnt. Versuchen wir mit der rechten Hand eine Liane zu fassen, mag uns Anfangs die Liane der Linken entschwinden. Aber nur Anfangs, denn wir werden mit jeder Bewegung im Dschungel klüger, umsichtiger und erkenntnisreicher.

So schnell lassen wir uns nicht verjagen, denn wir wissen, dass irgendwo da draußen eine Lichtung existiert mit einer erfrischenden Quelle, durch die wir vielversprechende Informationen erhalten. Durstig und voll Leidenschaft bahnen wir uns den Weg durch den Urwald der kollektiven Ablenkungs-Energien, die uns nur von unserem wahren Wesen abhalten wollen und wie gierige Hyänen nach unserem wertvollsten Juwel schnappen. Sie wollen uns unsere Energie austrinken, doch wir verschließen unsere Tore vor der Gier dieser Bestien und konzentrieren uns mit Emsigkeit auf unser Ziel, die Quelle zu erreichen. Dort angekommen betrachten wir unser Antlitz im glasklaren Wasser der Quelle und erkennen uns selbst als das, was wir besitzen an Schönheit, Reichtum und Wissen. Durch das Alleinsein während der Dschungelwanderung, nun geborgen in der Ruhe und dem Frieden auf der Lichtung, verstehen wir unser Wesen als einzigartige individuelle Kreatur, gemacht um den freien Willen zu unserem Besten zu nutzen und eigene Energien zur Blüte zu bringen. Einfachheit und Klarheit begleiten uns von da an durch unseren Streifzug des Lebens, ob in der Großstadt oder im Wald, jedes Gelände ist begehbar geworden, Grenzen sind überschaubar und überbrückbar, unsere Kanäle des Verstehens durchgespült für Verständigung mit eigenen Energien. Der stetige Versuch, uns in kleinen oder größeren Schritten vorwärts zu bewegen und bei jedem Schritt eine neue Entscheidung zu treffen, vorwärts zu gehen, hat uns schließlich zur Lichtung gebracht. Der Wille wird durch die vielen, unzähligen Einzelentscheidungen gestärkt. Jedes Mal kommt zum zarten Bund der Streichhölzer ein neues dazu und je heftiger und klarer Entscheidungen getroffen werden, desto schneller wächst dieser Bund an. Anfangs mögen nur wenige Hölzchen vorhanden sein, nach einiger Zeit

---

Raum für Notizen

jedoch sind es zwanzig, fünfzig, hundert und dann kann dieser Bund von zarten Hölzchen schon nicht mehr gebrochen werden.

Ein bewusstes Innehalten als ersten Schritt, um deutlich zu erkennen, ob es sich um Ablenkungs-Energien handelt oder ein anderer wichtiger Lern- und Wachstumsaspekt in diesem ewigen Schauspiel der Energien hinter dem Vorhang hervortritt. Auch hier hilft es uns und spart unglaublich viel Mühe, eine Ablenkungs-Energie vorerst anzunehmen, als das was sie ist, eine Schauspielerin, perfekt getarnt, dennoch wegweisend für unsere Entscheidungen und Wahrnehmungen. Der zweite Schritt beinhaltet das Herausfiltern kollektiver und eigener Ablenkungs-Energien. Kollektive Ablenkungs-Energien sind meist rascher abzuschütteln als persönliche. Betrachten wir unsere Entscheidungen aufmerksam, die Werte nach denen wir leben, die Umgebung in die wir uns begeben, die Trends in der Gesellschaft, so steht einiges über unser Innenleben fest. Wie sehr haben wir uns von Trends mitschleifen lassen? Haben sie unseren Werten genützt oder geschadet?

Nach einer anstrengenden Dschungel Tour wollen wir uns ausruhen, so können wir auch mit den Ablenkungs-Energien verfahren. Wenn wir uns auf die ausgeklügelten Versuchungen dieser Energieströme einlassen, werden wir bald ausgehungert und erschöpft sein. Begeben wir uns aber einen Moment nur in die Stille unserer Mitte, können wir rasch von der Stimme unserer inneren Wahrheit und der Kraft unseres Unterscheidungsvermögens die Wahrheit herausfinden. Wenige Minuten innehalten können uns Stunden, Tage oder sogar Monate von Ablenkungs-Energien sparen.

Woher kommen nun diese getarnten Energien der Ablenkung? Sie bahnen sich immer wieder ihren Weg durch unseren geistigen Dschungel, tauchen plötzlich auf, verschwinden manchmal genauso schnell wieder, dann verweilen sie wieder tagelang, um uns zu verwirren. Wir sind für Ablenkungs-Energien leichte Opfer, wenn wir nicht zu unseren Wünschen und Entscheidungen stehen. Ein schwacher Wille, Verzagtheit, Falschheit uns selbst gegenüber, Verworrenheit

Raum für Notizen

der Gefühle, geistige Unflexibilität, Kontrollsucht, Mangel an Lebenswillen, destruktive Gedanken, Faulheit, sie alle machen uns leicht angreifbar und manipulierbar.

Je klarer wir in unseren Vorstellungen und der Umsetzung unserer Wünsche sind, desto weniger Ablenkungs-Energien werden uns konfrontieren, denn sie entstehen in unserem Geist, um uns deutlich zu zeigen, wo wir stehen. Ablenkungs-Energien kommen nicht von außen, auch wenn es so scheint.

Arbeiten wir fleißig mit unserer Intuition zusammen, so spüren wir immer den richtigen und besten Zeitpunkt für die verschiedenen Aktivitäten. So nutzen wir unseren und den Energiefluss des Universums optimal, sparen jede Menge Zeit und beugen Ablenkungs-Energien vor.

Energetische Partner
Geheimrezepte für den Aufbau aufrichtiger Beziehungen!

Befragen wir hundert Personen nach den wichtigsten Lebensbereichen, so werden wahrscheinlich 99% antworten, Partnerschaft, Familie und Beruf, oder Beruf und Partnerschaft. Es scheint eines unserer wichtigsten Lebensthemen zu sein, eine harmonische und stabile Beziehung zu haben. Wir wünschen und sehnen uns danach wie ein Dürstender nach einem Schluck Wasser. Aber wie arbeiten wir an uns, um selbst zu einem/r idealen Partner/in zu werden? Sind wir uns bewusst über den enormen Einfluss, den wir auf unsere bestehende Partnerschaft haben? Pflegen wir die Partnerschaft oder wackeln wir irgendwie dahin? Haben wir uns je gefragt, warum für uns Partnerschaft so wesentlich ist?

Wie von einem reißenden Gebirgsbach lassen wir uns immer und immer wieder am Beginn einer Beziehung hinwegreißen, geben uns ungeschützt geistigen Illusionen hin, träumen phantasievoll vor uns hin und verweigern den Blick in die Realität. Wir sind so sehr gefangen in regenbogenfarbigen Vorstellungen, dass uns die Wahrheit fast wie eine Lüge erscheint und wir ihr die Türe vor der Nase zuknallen und auch noch stolz darauf sind. Wie weit haben wir uns zu diesem Zeitpunkt von der Wahrheit entfernt? Meilen? Ist es wirklich so unendlich schwierig in der Phase des Kennenlernens einen kühlen Kopf zu bewahren, selbst wenn die Emotionen auf Feuerrot schalten?

Es bedarf schon einiger Lebenserfahrung, sowie auch Ernüchterung und Klarheit, um nicht von einer überzogenen Vorstellung in die Nächste zu fallen. Aber Ernüchterung und Klarheit wollen wir in diesen Momenten des vermeintlichen Glücks nicht im Gepäck mit uns tragen. Wir wollen uns fallen lassen, wie beim Bungee-jumping von einer Brücke. Nur der Unterschied zum Bungee-jumping ist, dass dort ein Sicherungsseil verwendet wird. Haben wir uns je gefragt, warum wir uns ungesichert in die Tiefe stürzen, blind, volles Vertrauen ent-

---
Raum für Notizen

wickeln, jede etwas kritische Frage, die unsere Intuition stellt, als unerwünschte Störung deklarieren und ohne Netz einen Tiefenflug wagen, den wir für einen Höhenflug halten? Dennoch kann diese erste Phase des Kennenlernens unglaubliche Energien freisetzen, die uns vorerst in unendliche Höhen aufsteigen lassen. Wir fragen meistens nie, wie wir dann wieder auf den Boden zurückkehren. Ein Gefühl der tiefsten Innigkeit umhüllt uns wie ein zärtlicher Kokon, will immer dichter gewebt werden und dann, eines schönen Tages, zerbricht dieser Kokon und wir fragen uns warum. Wir fühlen uns verraten, schutzlos und hintergangen, unverstanden, ausgenutzt und vom Leben im Stich gelassen. Diese Gefühle projizieren wir dann auf unsere Partnerin oder unseren Partner.

Partnerschaft ist eine der zerbrechlichsten und heikelsten Punkte in unserem Leben. In so mancher Lebensphase verbreitet sich in uns das Gefühl, dass mit unserer Beziehung auch alles andere im Leben steht und fällt. Wir betrachten Partnerschaft nicht als einen unserer Lebensbereiche, sondern als den Bereich, der alles andere massiv beeinflusst.

Hoffnungen, Wünsche, Träume und genaue Vorstellungen prägen die ersten Wochen und Monate einer neuen Beziehung, selten sind es Jahre. Die Zeit dreht sich so schnell, wir entwirren Illusionen, stehen plötzlich nackt vor uns selbst und fragen uns immer wieder warum, warum, warum, haben wir das nicht vorher gesehen, haben uns so sehr täuschen lassen?

Partnerschaft war vor Jahrtausenden eher eine unbedingte Notwendigkeit als eine Romanze. Allein in der Wildnis, ohne Gefährten, war es kaum möglich zu überleben. Die Gruppe, also eine Ansammlung von Gefährten/innen, war unerlässlich für den täglichen gemeinsamen Kampf ums Dasein. Arbeitsteilung bei der Nahrungsbeschaffung, besonders in kalten Gegenden, erhöhte die Möglichkeit den nächsten Winter zu überstehen. Die Sippe bot Schutz, Geborgenheit, Behausung, Nahrung und Austausch für all ihre Mitglieder. Jedes Mitglied hatte einen bestimmten Platz und trug zum Wohl der Gruppe

Raum für Notizen

bei. Sexualität wurde in den Gruppen unterschiedlich gehandhabt, wobei Promiskuität keinen Anlass zur Eifersucht gab, da Frau und Mann Sexualität freier und offener gelebt haben als es heute üblich ist. Sexualität wurde gelebt und nicht diskutiert, Sexualität wurde nicht mit dem Besitz einer bestimmten Person in Verbindung gebracht, sondern mit Freude und Genuss. Wahrscheinlich auch weniger mit geistigem Wachstum, da die Frage Nummer eins immer ums Überleben in der Wildnis ging, und natürlich auch darum, Nachwuchs für die Altersversorgung zu zeugen. Geändert dürfte sich am Umgang mit der Sexualität in den letzten Tausenden von Jahren einiges haben. Doch in den letzten Jahrhunderten, speziell seit der Domestizierung der Frau als Hüterin des Feuers am Herd, ohne Besitzansprüche. Im Unterschied dazu haben vor Jahrtausenden Frauen sehr wohl als Hüterinnen des Hauses Besitz gehabt und eine angesehene Stellung in der Gesellschaft noch dazu. Jede/r konnte frei ihren/seinen individuellen Bedürfnissen und Neigungen folgen. Frauen sind aufgrund ihrer Nachkommenschaft, der intensiven Führung und Unterstützung ihrer Kinder in der Erwerbstätigkeit eingeschränkt. Deshalb hatten sie immer einen eigenen Besitz, um den sie sich kümmerten und ihn vermehrten. Dadurch wahrten sie ihre Unabhängigkeit und hatten ausreichend Zeit um Kinder als verantwortliche Persönlichkeiten innerhalb der Gemeinschaft zu erziehen. Heute befindet sich nur 5-8% des Weltvermögens in Händen von Frauen. Das scheint zu denken zu geben. Warum? Vielleicht nicht, weil Männer den Frauen den Besitztum weggenommen haben, sondern weil Frauen schrittweise darauf verzichtet haben. In manchen Fällen mag der Verzicht auf Eigentum auch durch Einwirkung von Gewalt seinen Besitzer gewechselt haben. Für aufrichtige Beziehungen müssen Besitztümer klar geregelt sein. In alten Kulturen haben Frauen ihre Mitgift ein Leben lang behalten, sie diente als Sicherheit für die verheiratete Frau und ihrer Kinder.

Betrachten wir die Erwartungshaltung in einer Partnerschaft in einem Streifzug durch die letzten hundert Jahre, so erkennen wir enor-

Raum für Notizen

me Veränderungen. Spielte die Versorgung von den einzelnen Familienmitgliedern, insbesondere der Kinder eine zentrale Rolle, so sind heute gemeinsame Zukunftsvisionen, persönliche Entwicklungen und Freizeitgestaltung Hauptthemen einer gut funktionierenden Partnerschaft geworden.

Wir wollen nun gemeinsam die Schnittstellen einer Partnerschaft untersuchen, einsteigen in die Tiefen einer erfüllten Beziehung, den dahinterstehenden Energiefluss erkennen. Bei dieser Betrachtungsweise nehmen wir nur uns selbst als Untersuchungsobjekt, lassen unsere/n Partner/in völlig aus dem Spiel. Somit vermeiden wir Vorwürfe, Anschuldigungen und Ungerechtigkeit. Würden wir unsere Aufmerksamkeit in dieser Analyse auf den/die Partner/in wenden, verschenkten wir sofort unser Zepter, würden die Verantwortung völlig an die andere Person abgeben und sie danach für ihre Entscheidungen beschuldigen. Deshalb betrachten wir nur uns selbst, setzen uns vor den Spiegel und beginnen zu studieren. Wie sieht unser Gesicht aus, wenn wir uns beispielsweise mit klaren und aufrichtigen Entscheidungen, für die bestehende Beziehung zu arbeiten, konfrontieren. Wollen wir nicht gleich zum/r Partner/in ablenken, welche Bemühungen aus dieser Ecke kämen?

Was sagt der Spiegel jetzt? Schaue nur in dich selbst hinein und du wirst nicht nur alle Antworten finden, sondern auch das Ausmaß deiner Bemühungen erkennen. Es sind die Bemühungen, die du dir selbst wert bist. Du selbst bestimmst die Intensität deines geliebt werdens. Wie sehr du dich selbst annimmst, achtest, liebst und ehrst, so wirst du auch von deinem Gegenüber angenommen und geliebt. Du sitzt in deiner Partnerschaft wie in einem Spiegelkabinett, umgeben von verzerrenden Spiegeln, die alle Seiten deiner Persönlichkeit aufzeigen. Nichts bleibt verdeckt, nichts wird unter den Teppich gekehrt. Jede noch so kleine, fast winzig erscheinende Charaktereigenschaft kommt in deiner Partnerschaft ans Tageslicht. Zeitweise sieht es so aus, als werden mit einem Vergrößerungsglas gerade die unliebsamen Eigenschaften beleuchtet, fotografiert und festgehalten. In Wahr-

---
Raum für Notizen

heit wollen gerade diese unliebsamen Eigenschaften auch angenommen und verstanden werden.

Ab diesem Zeitpunkt verlangen wir danach uns selbst anzunehmen, uns selbst zu verstehen, die fließenden und tatsächlich vorhandenen Energien in uns vollständig zu integrieren. Partnerschaft zeigt uns alle Ebenen unseres Charakters und der Rolle, die wir meistens gekonnt spielen, ohne Schonung und Vorhang. Wir sehen uns splitternackt auf der Bühne der Emotionen, gehen, laufen, hüpfen, springen, und stehen dennoch oft still, weil wir den inneren Prozess nicht anerkennen.

Sind wir tatsächlich an dem Punkt angelangt in uns blicken zu wollen, haben wir schon die halbe Arbeit hinter uns. Wir hechten mit unglaublicher Zielstrebigkeit unserem vergrabenen Innenleben zu, suchen Unterstützung, um uns selbst besser zu verstehen und um zu lernen mit uns selbst umzugehen. Alles, was wir im Äußeren sehen, ist ein Teil unserer Persönlichkeit, wir nehmen nichts anderes wahr, als Teile von uns selbst. Begeistert wollen wir uns selbst verstehen, uns ganz akzeptieren, deshalb machen wir diese Abenteuerreise der Partnerschaft, des aufeinander Zugehens und dringen dadurch zu uns selbst durch. Es ist ein hartes Stück Arbeit bis wir anerkennen, dass jede Handlung im Äußeren einen Teil unseres Wesens wiederspiegelt. Durch dieses Verständnis gewährleisten wir aber unsere Handlungsfreiheit und auch geistige Freiheit, denn wir sind uns dem vollen Ausmaß der Verantwortung jeder unserer Handlungen bewusst. Damit erkennen wir auch die Möglichkeit uns immer wieder neu zu entscheiden. Keine vergangene Entscheidung muss weiter getragen werden, kein Schmerz, kein Leid bedarf einer Verlängerung. Jeder Moment unseres Lebens birgt völlige Entscheidungsfreiheit wir betrachten eine Situation aus einer neuen, anderen Perspektive. Versuchen wir die doch auch vorhandenen positiven Seiten eines Schicksalsschlages zu erfassen, so schwierig das in manchen Situationen auch sein mag (jede Münze hat zwei Seiten und es gibt auch die positive Seite in schmerzhaften Situationen),

---
Raum für Notizen

können sich erstaunliche neue Chancen für uns öffnen. Warum soll die Kopfseite der Münze besser sein als die Zahlseite? Warum bewerten wir jede Situation in Sekunden und sortieren sie sofort als gut oder schlecht ein, als angenehm oder unangenehm? Lassen wir doch die Handlungen im Außen einmal stehen als das was sie sind, ein Schauspiel, um uns Seiten unserer Person aufzuzeigen, nicht mehr und auch nicht weniger. Warten wir nur einen Moment ab und lassen uns nicht sofort mitreißen von den wilden Vorstellungen unseres Geistes, dann kann sich nicht nur das Bild im Außen verändern, sondern wir weiten unser Bewusstsein aus, sehen plötzlich detaillierte Facetten bestimmter Handlungen, erkennen die Vielfalt der darin verborgenen Energien an. Alles Existente ist der Ausdruck von Energieflüssen, starken, schwachen, intensiven, hellen, dunklen, nahen, fernen. Eine unendliche Auswahl an Möglichkeiten wird uns geboten. Es gibt keinen Stillstand, weil Energie sich immer bewegt. Sie will vorwärts schreiten, uns weiter bringen, nur wenn wir sie festhalten, dann bewegt sie sich rückwärts, Stillstand gibt es keinen. Nicht einmal im Tod, auch hier fließen Energien weiter, Würmer, Geier oder das Feuer bemächtigen sich je nach Kulturkreis unseres Körpers und lassen nun ihre Energien einfließen. Und die Energie der Seele, des Geistes, des Intellekts und des Egos verlässt den alten Körper, um ihre Energien auf anderen Ebenen weiter fließen zu lassen. Das gesamte Leben ist ein unendlicher Fluss von wundervollen Energien. Wenn wir sie integrieren können, verstehen wir sie als positiv. Können wir sie nicht verstehen, annehmen oder integrieren, dann verstehen wir sie als negativ. Deshalb gestalten sich manche Bereiche in unserer Partnerschaft als so besonders schwierig, weil wir Energien nicht verstehen und integrieren können. Wir verschließen uns nicht vor dem/r Partner/in, sondern vor den Energieströmen und lassen die Erkenntnis nicht zu, diese Energien zu verstehen und uns damit Wachstum und Fülle zu gewährleisten.

Wieder stehen wir vor dem Spiegel. Diesmal betrachten wir voll Inspiration unser Antlitz, wollen uns auf neue Erfahrungen einlassen,

---
Raum für Notizen

den Spiegel nicht mehr anspucken, weil er uns vermeintlich „Dunkles" aufzeigt. Wir wollen den nächsten Schritt machen und uns öffnen, den Inhalt unseres Seins herauskippen, liebevoll und zärtlich die verhungerten und vernachlässigten Energien aufklauben, um danach einem neuen Start entgegen zu streben. Ein Neustart, der schon in der Startposition mehr Erfüllung schenkt als je zuvor erahnt wurde.

Wir sitzen mitten in der Geschichte unseres Lebens, eine aufregende Reise führt durch alle Ebenen des Bewusstseins, wartet darauf endlich von neuem angetreten zu werden, Berg- und Talfahrten, blühende Wiesen, eisige Schneegebirge, glühend heiße Wüsten, erschreckend kalte Gletscher, prickelnd warme Sommerregen, alldies beinhaltet so eine Fahrt durch unser Innenleben. Wir nehmen mit jedem Schritt uns selbst intensiver wahr und beginnen vielleicht langsam und vorsichtig zu verstehen, warum uns dies und jenes in der Vergangenheit passiert ist. Diese Energien haben uns eine Hinweistafel aufgestellt, damit wir nicht umkippen, nicht in den Abgrund springen, sondern vorsichtig nach Alternativen suchen und Möglichkeiten ausloten, um intensiveren Kontakt mit uns zu erhalten. Wir haben diese Hinweistafeln immer wieder ignoriert und als unnötiges Problem angesehen, manchmal als unüberwindliche Hürde, als lästige Schwierigkeit, statt in Dankbarkeit die Hinweistafel zu erkennen und Veränderungen in unserem Verstehen einzuleiten. Es liegt nur an uns selbst diese Hinweistafeln als wertvolle Helfer auf unserem Weg zu umarmen. Wir umarmen nicht das Problem, sondern den Hinweis, der uns Varianten einer veränderten Betrachtungsweise aufzeigt. Und dann wird noch etwas ungewöhnliches passieren. Sobald wir diese Hinweistafeln umarmen, wird sich automatisch zu der neuen Erkenntnis noch Dankbarkeit gesellen. Durch diese Dankbarkeit entsteht Freude und diese verknüpft uns mit Leichtigkeit mit unserer inneren Lebensfreude. Wir sollten ausschließlich aufgrund unserer Freudenenergie leben. Deutlich manifestiert sie sich immer wieder, warum wollen wir sie verdrängen, fernhalten von uns selbst? Nehmen wir diese Freudenenergie in jeder Faser unseres Körpers an, integrieren

Raum für Notizen

diese frei fließende Energie als den wertvollsten Teil unseres Wesens, dann werden auch alle anderen, neuen Hinweistafeln nichts weiter als Verkehrsschilder sein, um uns Führung und Schutz zu geben. Kurz hingeschaut und schon die neue Richtung erkannt. Haben wir jemals so über Partnerschaft nachgedacht, uns den unvorstellbaren Möglichkeiten der Veränderungen unserer Betrachtungsweisen hingegeben? Kommen Paare aus ihren Beziehungskonflikten nicht mehr heraus, dann wählen sie meistens den Pfad der Trennung. Aber was ist mit der Erneuerungs-Energie, dem beidseitigen Wunsch alte abgestorbene Ego-Schutzhüllen fallen zu lassen und die Jahreszeiten einer Beziehung wieder aufleben zu lassen. Liebe, die einmal empfunden wurde, stirbt niemals, nie, sie ist die einzige ewige Grundemotion, die niemals vergeht. Sie ist die Basis alles Existenten, deshalb sind wir so verrückt nach Liebe und Partnerschaft. Erst in der nächsten Stufe der geistigen Evolution erscheint die Energie der Angst, danach manifestieren sich alle anderen Emotionen. Genau aus diesem Grund kann Liebe alle Arten von Emotionen heilen. Sie ist das Fundament aller Gefühle, der Kerninhalt jeder Handlung. Nun wird die Liebe im Laufe der Lebensreise bedeckt von unglaublich dichten Schichten des Ego, der Ignoranz und Unwilligkeit zur Veränderung. Menschen, die wahrlich empfinden können, lassen sich nicht freiwillig bedecken. Sie arbeiten sich durch die Bedeckungen schrittweise durch, lassen Schicht um Schicht fallen, werfen die Krusten der emotionalen Verknöcherung ab, um die Liebe als Kernstück unseres Daseins zu zelebrieren. Lassen wir uns auf dieses Abenteuer ein, gehen wir mutig auf unsere verstaubten und eingetrockneten Ebenen mit dem Vorschlaghammer los. Wie Wände fallen jetzt die alten, uns wenig Glück bringenden Schichten von uns ab, damit wir uns erheben auf die Ebene der Zufriedenheit. Ein Freudenfest sollten wir veranstalten, mit all den anderen, die sich auch bereit erklärt haben diesen Weg zu gehen, Wände niederzureißen, um das Strahlen der Liebe neu in sich selbst zu entdecken. So werden wir zu unabhängigen Liebenden, denn wir erwarten keine Liebe im Außen, wir strahlen wie eine kleine Sonne aus uns selbst heraus, lassen die

Raum für Notizen

nährenden und das Herz erwärmenden Strahlen zu, verbinden uns mit unserer eigenen Energie.

Wir alle haben unzählige Male erfahren, dass Liebe bedeckt werden kann, aber sie vergeht nicht. Diese Bedeckungen können so massiv wie ein Gebirge auf uns sitzen und den Anschein erwecken, dass die Liebe aufgelöst wurde, wie eine Brausetablette in Wasser. Wäre das wirklich so, würde schon lange keine Liebe mehr auf diesem Planeten existieren, denn wir lösen sie so rasch auf, dass kaum Zeit bleibt, wieder eine neue Brausetablette zu formen. Oft dauern Beziehungen nur Wochen, Monate, dennoch ist ein wahrer Kern in all diesen Partnerschaften, und sei dieser Kern auch noch so winzig, die Zeitspanne der Begegnung auch noch so kurz. Ein Energiefluss von Herz zu Herz. Warme, seidige Energie verlässt die Seele, um bei einer anderen Zuflucht zu suchen. Sie finden und verbinden sich. Warum soll diese nährende Form vergehen?

Aufgrund unserer stetigen Weiterentwicklung, die von unseren Wünschen und Entscheidungen geformt wird, mögen wir zu der Erkenntnis kommen in einer bestehenden Partnerschaft keine weitere Zukunft zu sehen. Die Liebe bleibt dennoch bestehen, denn aufgrund der Liebe entwickeln und manifestieren sich Energieströme. Nur weil wir für unser Leben andere, neue Entscheidungen treffen, bedeutet das noch nicht, die Liebe zu verleugnen. Nehmen wir sie als wesentlichen Bestandteil der vergangenen Beziehung an, dann können wir auch besser loslassen, ohne Groll und Ärger.

Wenn Liebe, also stimmige harmonische Energie, die Basis alles Existenten ist, die Grundstimmung jedes Lebewesens, warum ist dann eine stabile, lebenslange Partnerschaft so schwierig zu erreichen? Haben wir die vorigen Kapitel mit Aufmerksamkeit gelesen, dann können wir uns die Antwort hier selbst geben. Sie ist einfacher, als eine Blume zu pflücken, glasklar erscheint sie auf der Bildfläche und schreit verzweifelt nach Verwirklichung. Wir haben diese Energieform in unserem Inneren noch nicht freigeschaufelt. Wir waren es uns noch nicht wert den Spaten zu nehmen und Schaufel für Schau-

Raum für Notizen

fel die Schatztruhe wahrer Empfindungen auszugraben. Wagen wir doch diesen Schritt heute und jetzt, in diesem Moment, wo wir diese Zeilen lesen, es liegt nur an unserer Entscheidung, das zu tun, was am essentiellsten für unser emotionales Wohlbefinden ist. Niemand kann uns davon abhalten uns selbst zu lieben, außer wir selbst, wir können Barrieren aufbauen, aber diese auch wieder niederreißen. Es kommt auf einen einzigen mutigen Versuch an, dieser Versuch wird gelingen und so viel Verständnis und Glück in unser Leben bringen. Nur der ewig Nein kreischende Geist hält uns davon ab. Lassen wir ihn einmal einfach beiseite, versuchen wir unser Glück, nehmen wir es selbst in die Hand und lassen uns nicht mehr davon abhalten. Wie oft schon haben wir davon geträumt, unzählbare Träume waren es. Machen wir dieses einzige Mal den Traum zur Wirklichkeit, gestalten unser Schicksal selbst. Oft haben wir es bewiesen, im Beruf, während Familienangelegenheiten, doch jetzt kommt der entscheidende Schritt. Wir leben diese harmonischen Energien aus uns selbst heraus, gestalten dieses Dasein aus der soliden Basis tiefer Emotionen zu uns und unserer gesamten Umwelt. In uns lebt ein winziger Kosmos, klein, aber sehr gehaltvoll, voll Bedeutung für unser Leben und das Leben unserer nächsten Umgebung.

Plaudern wir mit Bekannten über unsere Partnerschaft, so werden gute und weniger gute Charakterzüge der sogenannten besseren Hälfte besprochen, aber niemals die Partnerschaft zu sich selbst. Wir sitzen ja noch immer vor dem Spiegel unserer verdeckten Seele, betrachten uns mit neugierigen Augen, vieles wollen wir nicht wahrnehmen, es missfällt dem wankelmütigen Geist und dem eitlen Intellekt einen so klaren Blick nach Innen zu werfen. Doch wie sollen wir den Vorhang lüften, wenn wir immer nur an den Bedeckungen des Gegenübers zerren? Das hilft uns nicht weiter, wir kreieren nur Ärger und Misstrauen. Wir sind nahezu dazu aufgerufen ein Tuch zu nehmen und vorsichtig am eigenen Spiegelbild der verstaubten Emotionen zu wischen, zuerst ganz sachte, dann kräftiger und schließlich wird unser Antlitz auf neue strahlende Weise im Spiegel sichtbar. Wir

---

Raum für Notizen

nehmen neue, bisher vernachlässigte Züge in uns wahr, erkennen welchen Einfluss wir auf unser Leben wirklich haben und wie wenig fremdbestimmt unser Leben sein könnte.

Hier beginnt eine weitere spannende Reise zu unserer Partnerschaft, die der vollkommenen Eigenverantwortung. Wie oft schon haben wir leichtsinnig Verantwortung für Handlungen, Worte oder sogar Gedanken abgegeben. Es ist so einfach Schuldige zu finden. Wir brauchen nur die Zeitung aufzuschlagen und schon packen wir geistig den nächstbesten darin angeprangerten Menschen, bestätigen seine Schuld und fühlen uns befreit. Aber befreit wovon? Leider nur befreit von unserer Verantwortung, die wir freiwillig in den Abgrund geworfen und uns damit freiwillig in Abhängigkeit begeben haben. Eine Abhängigkeit, die wir nach genauerem Hinsehen bitter bereuen. Dennoch ist es noch nicht zu spät, denn auch hier haben wir, wie immer, die Möglichkeit uns neu zu entscheiden. Lediglich die Linse unserer Wahrnehmung ist zu verändern. Wir brauchen nur ein wenig an der Linse zu drehen, andere Einstellungen hervorzuzaubern, und schon haben wir die Basis für eine neue Entscheidung gebildet. Die einzige Zutat ist Flexibilität, wobei Flexibilität aus der Offenheit entsteht und Offenheit wiederum aus der Hingabe.

Je komplizierter unsere Denkmuster sind, desto weiter tragen sie uns von der Liebe weg, wir kehren fast absichtlich der Basis-Energie den Rücken zu. Statt dessen beschäftigen wir den Intellekt mit Hunderten von sogenannten wichtigen Themen, versuchen Lebensinhalt über Besitz zu definieren, und genau dabei geht uns die Essenz verloren. Wann fühlen wir uns inspiriert, wann lachen wir Tränen, fühlen uns im wilden Fluss des Lebens geborgen? Unser Herz schreit nach Verwirklichung und verabscheut die Ersatzbefriedigung des angehäuften Eigentums ohne Gefühle, kalt und roh wie ein unbehauener Stein. Warum ist ein Haus erst wertvoll, wenn Menschen drin wohnen? Weil es sonst zur Ruine wird, die Natur holt es sich zurück und es verliert seinen ursprünglichen Wert. Nur wo Leben ist, ist Liebe, deshalb erscheinen uns Herzensgüte, aufrechte, fröhliche, liebende Menschen

Raum für Notizen

als echt und alles andere hat die Fresken von toten Marionetten. Es scheint wie Fleisch das lebt, und dennoch leblos ist. Fleisch und Muskeln, die an Drähten befestigt sind, sich nach dem Szenario anderer bewegen und freundlich lächelnd mit dem Kopf nicken, obwohl das Herz von Hass und Aggression erfüllt ist. Und warum? Wieder die alte Antwort, wir haben sie bisher schon mehrmals gegeben. Diese Marionetten haben ihren Schatz nicht freigeschaufelt, deshalb sind sie gefesselt an den Schnüren der Abhängigkeit, können trotz viel Sonne die wärmenden Strahlen nicht genießen, da sie von ihren Emotionen abgeschnitten sind. Es fehlt am notwendigsten im Dasein. Die Essenz ist vertrocknet. Sie kann aber nur durch den Wunsch wieder zum Leben erweckt werden. Es ist wie eine Wüstenblume, die in einer Wasserschale in wenigen Momenten ihre Blätter öffnet und bereitwillig ihren Kelch offenbart. Sind wir bereit in der Partnerschaft zu uns selbst den Kelch zu öffnen, einzusteigen in dunkle Tunnels und Labyrinthe, bis wir uns schließlich uns selbst gegenüberstehen? Haben wir soviel Ausdauer und Mut? Wollen wir uns diese Fragen selbst beantworten? Oder wollen wir lieber alles dem selbstgemachten Schicksal überlassen?

Nichts kommt von Außen, der Spiegel steht noch immer da, denn alle Energien entstehen in uns, wachsen aus unserem Kern, es liegt in uns und an uns die Veränderung herbeizuführen und die langersehnte Partnerschaft mit uns selbst zu gestalten. Befinden wir uns auf dieser Ebene, all unsere Energien auch als unsere Partner/innen zu erkennen, werden auch physische Partner/innen in unser Leben treten, die unseren individuellen Wesen harmonisch entsprechen.

Das glühende Feuer nach Partnerschaften erfährt angenehme Kühlung durch die Wertschätzung eigener Energien, die nur darauf warten anerkannt und gelebt zu werden. Dadurch beschleunigen wir den Prozess in eine Beziehung mit einem anderen Menschen zu treten, die/der auch in enger Beziehung zu sich selbst steht. Somit wird aus der uralten Opfer/Täter-Beziehung ein neues Bild geschaffen. Zwei unabhängige Leute suchen nicht mehr, sie finden sich und den an-

---

Raum für Notizen

deren energetisch passenden Teil, um gemeinsam helle, freudvolle Momente zu erleben und immer eine Kerze bereit zu haben, wenn es einmal dunkel werden sollte. Wir sind vor Dunkelheit nicht gewahrt, solange wir nicht vollkommen aus uns selbst strahlen und unser inneres Licht freigelegt und aktiviert ist, aber wir können lernen mit der Dunkelheit umzugehen. Dunkelheit hat ihre Berechtigung, so wie das Licht, sie ist nur die andere Seite einer Münze. Lernen wir diese Seite der Wahrheit zu verstehen und zu erkennen, fließt sie an uns vorbei, ohne uns zu berühren oder auch nur zu streifen.

Der Spiegel zeigt uns jetzt die wahren Konturen unserer Energien. Wir entscheiden uns den Sprung in die bisher nicht gelebten Emotionen zu wagen und erfahren nach der ersten Abkühlung Wahrheit und tiefen Austausch mit der Fülle an Energien. Gleichzeitig werden wir beschenkt mit der für uns wichtigen Partnerschaft im Inneren und Äußeren.

Energie des Todes
Wie wir mit dieser Energie konstruktiv umgehen können

Im Westen gefürchtet, wie kaum eine andere Energie, in der östlichen Hemisphäre als ein Teil des Daseins angenommen, können die wenigsten Menschen mit der Energie des Todes umgehen. Durch Medien und Filme wird die Abstraktheit der Todesenergie genährt. Kaum jemand ist noch zur Stunde des Todes bei nahen Angehörigen. Die Todesenergie wurde verbannt in einen sehr versteckten Bereich des Unterbewussten, von dort sucht sie sich immer wieder den Weg nach oben, wird aber von perfekt eingelernten Mechanismen verdrängt. Der Verdrängung folgt teilweise auch Verachtung. Niemand will mit dem Tod zu tun haben. Wir wollen jetzt versuchen, die Todesenergien von einer völlig anderen Seite zu betrachten, diese Energien ein wenig aufzubereiten, dass sie weniger furchterregend sind und aufzeigen, dass wir jeden Moment mit ihnen konfrontiert sind und uns das erstaunlicherweise oft auch ganz recht ist.

Fällt das Wort Tod, mag unser erster Gedanke sich meistens auf den körperlichen Tod einer Person beziehen. Aber im Unterbewusstsein assoziieren wir damit auch die Energien von Alleinsein, Verlassenheit, Einsamkeit, Kälte, Ende und Einbahnstraße, keine Rückkehrmöglichkeit, Aufgeben, Haltlosigkeit, Verwirrung und Sinnlosigkeit. Es fröstelt uns bei dem Gedanken, auch eines Tages der Todesenergie ins Auge sehen zu müssen und wir hoffen diesen Tag noch weit entfernt. Obwohl Millionen Menschen täglich Todesenergie auf ihrem Mittagsteller, in Form von leblosem Fleisch, vor Augen haben, wollen sie sich nicht näher damit auseinander setzen. Unser Verhältnis zu dieser besonderen Energie erschreckt uns, jagt uns aber auch Respekt ein. Je weiter wir uns von ihr, dieser bizarren Energie, distanzieren können, desto besser für uns, so mag unser einfach strukturierter Geist denken.

Obwohl wir versuchen den Todesenergien zu entrinnen, so sterben doch täglich Millionen von Zellen in unserem Körper ab, alte Ideen

---
Raum für Notizen

verschwinden, vergangene Erlebnisse verblassen in der Erinnerung und sterben eines Tages ganz. Wir können uns einfach nicht mehr erinnern. Im Fluss der Vielfalt an Energien nehmen Todesenergien den Platz von Übergangsenergien ein, sie helfen Transformation zu einem anderen oder neuem Leben zu gewährleisten. So gesehen wird der Körper täglich runderneuert, Platz gemacht für neue Zellen und frische Energien, die uns Ausdauer und Lebenskraft schenken. Treten in unserem Leben Disharmonien auf, kann in schweren Fällen Todessehnsucht entstehen, da diese Energien einen neuen Anfang signalisieren. Todesenergien läuten nicht das Ende ein, sondern einen neuen Anfang, sie geben die Möglichkeit jetzt nochmals an die Startlinie zurückzugehen, um von vorne zu beginnen. Keine andere Energie zeigt uns so klar und deutlich, dass wir innerhalb einer Krise eine neue Entwicklungsmöglichkeit erhalten. Überschreiten wir die Grenze des Todes, werfen wir freiwillig uns bedrängende Energien über Bord, verstehen den Sinn der den Kopf kühlenden Todesenergie, dann steht einem Neuanfang nichts mehr im Wege. Wir haben Platz geschaffen, das Zwischenreich der Todesenergien verlassen, erkennen neue Ideen und wollen diese nun auch endlich verwirklichen. Doch bis dahin ist es meistens ein langer und mühseliger Weg. Die Weggefährten auf der Reise durch das Zwischenreich der Todesenergien nennen sich Aufrichtigkeit, In-sich-hinein-hören, am Guten festhalten, immer weiter gehen, nicht stehen bleiben und vor allem Vertrauen. Vertrauen in das „nicht Bekannte" kann uns zu unglaublicher Stärke führen, eine Stärke, die sich im Herzen und Verstand manifestiert, in jeder Sekunde spürbar und wahrnehmbar ist, uns Genuss in schwierigen Situationen vermittelt. Lassen wir uns ein wenig treiben von diesen Emotionen des Vertrauens, genießen in Ruhe die Stille in uns. Während wir durch den Urwald wandern kann keine plötzlich vom Baum fallende Kokosnuss, keine unvorhergesehene Bewegung von Lianen uns mehr erschrecken. Sie sind nur Test- und Ablenkungsenergien, die es zur Aufgabe haben Zeit zu stehlen, wie Diebe in der Nacht, kaum sichtbar, aber dennoch berühren sie uns manchmal unangenehm. Diebe vermitteln uns das Ge-

Raum für Notizen

fühl Opfer zu sein. Lassen wir uns jetzt in diese Rolle des Opfers fallen, dann schwindet unser Selbstwertgefühl, wir schränken unsere freie Entwicklung ein und überhäufen uns mit illusorischen Gefühlen von Besitztum. Diebe lassen eine starke Anhaftung zum gestohlenen Diebesgut entstehen, das Bewusstsein schlagartig überlagern durch krampfhafte Identifikation mit Eigentum. Etwas zu verlieren mag als kleiner Tod empfunden werden. Im ersten Moment scheint ein Gegenstand oder sogar eine Person für immer verloren. Wollen wir einen zweiten Blick wagen, oder belassen wir es bei Schuldzuweisungen? Der zweite und meist tiefere Blick bringt ganz andere Wahrheiten zutage. Wir erkennen nicht nur Möglichkeiten etwas wieder zu erhalten, sondern begreifen sogar den Grund, warum sich hier kleine Todesenergien eingeschlichen haben. Dann macht jeder Verlust Sinn und kann im Handumdrehen in konstruktive Energie umgewandelt werden.

Von destruktiver zu konstruktiver Energie ist der Abstand geringer als ein Millimeter. Wir müssen nur die Brücke zwischen diesen beiden Welten sehen und erfolgreich beschreiten. Nur die veränderten Gedanken bewegen unsere Energie konstruktiv weiter. Sehen wir nur einen winzigen Moment, auch nur einen einzigen positiven Aspekt einer verworrenen und leidvollen Situation, so empfinden wir sofort Erleichterung. Diese Umschichtung der Gedankenstruktur ist ein Lernprozess, dem wir uns mit großer Hingabe widmen sollten. Dadurch können wir jede Todesenergie in eine für uns vorteilhafte Energie umwandeln. Somit gestalten wir innerhalb unserer Gedankenwelt einen immer größer werdenden Freiraum, nehmen die neuen Möglichkeiten wahr, statt der bestehenden Probleme. Schwierigkeiten sind das Tor zur individuellen Weiterentwicklung, aber nur dann, wenn wir es versäumt haben in rosigen Zeiten den nächsten Schritt zu tun. Durch Herausforderungen wachsen wir einfach schneller. Geistiges Wachstum scheint unser sehnsüchtiger Wunsch gewesen zu sein, irgendwann einmal, wir können uns gar nicht mehr daran erinnern, aber unser Unterbewusstsein hat es in tief verborgenen unterirdi-

---
Raum für Notizen

schen Kammern gespeichert. Wäre es nicht im Unterbewusstsein gespeichert, würden wir nicht gerade jetzt damit konfrontiert werden. Wir müssen entweder diese Speicherplatte mit den alten Daten löschen und durch neue Informationen ersetzen, oder den einmal gewählten Weg weiter gehen.

Auch hier haben wir wieder eine Wahlmöglichkeit. Wie viele Menschen trotten einfach den eingetrampelten Pfad weiter, da Veränderung erst einmal den Einsatz von zusätzlicher Energie bedeutet? Sie wählen den Weg der Bequemlichkeit, versagen sich selbst die Spannung und Abenteuerlust auf Neues, waten im wenig zufriedenstellenden Sumpf alter Gewohnheiten. Doch auf lange Sicht lohnt sich der kurzzeitig höhere Energieeinsatz, wir können dann unsere individuelle Richtung mit großem Wohlgefühl leben, täglich, stündlich, niemand kann uns jetzt von unserer Wahl abbringen. Wir haben in fester Überzeugung eine Todesenergie überwunden, einfach durch Veränderung der Gedankenstruktur und durch unser Vertrauen!

Wenn Todesenergien anscheinend so einfach zu überwinden sind, warum quält uns dann ständig die Angst davor? Um diese Frage zu beantworten, müssen wir uns vorher eine andere Frage stellen. Haben wir uns jemals mit dem tatsächlichen Inhalt der Todesenergien auseinandergesetzt, versucht, hinter die Kulissen dieser Energien zu sehen und ihre wahre Natur zu ergründen? Beantworten wir diese Frage mit nein, haben wir den Inhalt und Sinn von Todesenergien nicht verstanden. Beantworten wir die letzte Frage mit ja, so sind wir schon mitten drin im Prozess des Verstehens, Betrachtens und Analysierens. Der Prozess des Vertrauens in die vielfältigen Energien des Universum beginnt, Urvertrauen bahnt sich sorgfältig seinen Weg durchs Dickicht, rankt sich wie wilder Efeu um unser Herz und beschützt es, wärmt und warnt es vor Dieben und Eindringlingen. Urvertrauen ist die Basis, um die Offenheit für neue Erkenntnisse zu erschaffen. Wir bauen auf dieser Energie auf, einen Stein nach dem anderen, bis ein Haus entsteht, unser Haus in dem wir wohnen, leben, arbeiten, uns freuen und das Leben annehmen. Zur Geburt ha-

---
Raum für Notizen

ben wir ein kleines Haus erhalten, jetzt bauen wir eifrig an unserem inneren Haus des Verständnisses, der wachsenden Emotionen, um zu Reife und Wahrheit zu gelangen. Niemand schenkt uns dieses Haus, aber während der lebenslangen Bauphase erhalten wir unzählige Geschenke in Form von Unterstützung, Ratschlägen, Hilfe und wertvollem Austausch. Haben wir gelernt alle diese wichtigen Geschenke zu erkennen, anzunehmen und Dankbarkeit dafür zu empfinden? Sobald wir mit Dankbarkeit annehmen, verstehen wir die Vielfalt der zahlreichen Geschenke um uns herum, es ist, als feiern wir jeden Tag ein rauschendes Fest. Wollen wir das nicht alle erreichen? Uns rundum verstanden und angenommen fühlen, selbst in Zeiten, wo bedrohende Todesenergien den Himmel verdunkeln und eine Nacht ohne Morgenröte prophezeien? Lesen wir den letzten Satz, so bewirkt er nach den vorigen Seiten nicht mehr solch eine Bedrohung und weckt längst nicht mehr Ängste auf den verschiedensten Ebenen unseres Daseins. Wir empfinden weniger Ängste, weil plötzlich Varianten, Auswege, alternative Möglichkeiten vor unserem geistigen Auge wachsen, frische Blätter entfalten sich am verdörrt geglaubten Ast des Verstehens.

Todesenergien gehören zu den massivsten Energieformen. Sie treten meist nur in abgeschwächter Form und geringen Dosierungen auf, außer wir ignorieren ihre Aussagekraft über einen längeren Zeitraum, dann kann es passieren, dass sie verstärkt und gehäuft auftreten. Die Inhalte dieser intensiven Energien stellen bei genauer Betrachtung meistens eine große Herausforderung für uns dar und sie sind es wert genau unter die Lupe genommen zu werden. Todesenergien bergen eine Fülle von Wachstumsaspekten. Todesenergien können richtig verstanden und konstruktiv transformiert einen raketenartigen Schub in unserer Persönlichkeitsentwicklung darstellen. Sie lassen keine Möglichkeit aus, sich uns zu präsentieren und warten begierig darauf verstanden zu werden. Es gibt keinen Verlust durch Todesenergien, nur Gewinn an Weisheit, Wahrheit, Verständnis, Reife und Vertrauen.

Raum für Notizen

Der Schlaf wird oft kleiner Bruder des Todes genannt. Im Schlaf löst sich das Bewusstsein vom physischen Körper und verweilt in entspannter Form. Der Schlaf teilt uns versteckt und oft unentdeckt einen wesentlichen Aspekt der Todesenergien mit. Das magische Wort dieses verborgenen Aspektes heißt Loslösung, nicht mehr identifizieren mit vergangenen gelebten Mustern, Saubermachen im Haus der Energien, sich freimachen für neue freudvolle Energien. An herausfordernden Tagen wünschen wir uns den Abend nah, um sich ins Bett zu kuscheln und im Schlaf die Probleme zu vergessen. Dadurch erfahren wir diese besondere Energie der Loslösung. Es ist kein Vergessen, aber die Distanz zu Schwierigkeiten wird vergrößert und verschafft uns dadurch Erleichterung. Am nächsten Morgen sieht die Welt ganz anders aus, denn der kleine Bruder des Todes hat uns Loslösung gebracht. Jeder Morgen kann als ein neuer Beginn angenommen werden, so, wie der Frühling frisches Grün ins Land zaubert. Wir haben während der Nacht unser Bewusstsein geklärt, den Geist gereinigt und können uns nun entscheiden den Frühling zu leben, oder uns in die dunkle, kalte Nacht der Missverständnisse, der Illusion und Ignoranz zurückzuziehen. Nach einem langen, kalten Winter wendet sich die Pflanzenwelt sehnsüchtig der wärmenden Sonne zu, öffnet voll Vertrauen ihre frischen Blätter und kleinen, zarten Knospen. Wo altes abgestorben ist beginnt neues hoffnungsreiches Leben. Jeder Morgen in unserem Leben gleicht dem Frühling, es ist ein neuer Start.

Entscheiden wir uns für diesen Neustart, dann machen wir uns fit für einen sonnigen Tag, tragen die Sonne im Herzen und im Geist. Dadurch begegnen wir jeder Todesenergie gelassen und vielleicht sogar mit Verständnis, denn wir ziehen mit geschickter Hand den Vorhang zur Seite, blicken der Wahrheit ins Auge, nehmen den Reifungsaspekt mit Dankbarkeit und Mut an, wir fühlen in unseren Emotionen Weiterentwicklung. Wir sind nicht nur einen Zentimeter gewachsen, nein, viele Meter hat sich unser Bewusstsein ausgedehnt, damit mehr Freiraum für Freude und Fülle in unserem Leben entsteht.

Energie der Sicherheit
Warum die Energie der Sicherheit mit unseren Liebesenergien verbunden ist

Hier haben wir es mit unserer Lieblingsenergie zu tun, wenn es um Entscheidungen in unserem Leben geht. Betrachten wir ein wenig neutral die Basis der zuletzt gefällten Entscheidungen, werden wir bei aufrichtiger Analyse feststellen, dass die wichtigste Grundlage für eine Entscheidung Sicherheit ist. Dort, wo wir uns am Sichersten fühlen, werden wir uns hinwenden. Das Gefühl der Sicherheit wird auf unterschiedlichste Weise wahrgenommen. Mögen wir nun annehmen, dass Harmonie, Ruhe, Ordnung und Wohlgefühl für alle Menschen ein erstrebenswertes Sicherheitsgefühl weckt, würden wir einen beträchtlichen Teil der Menschheit unbeachtet lassen, die sich im Risiko, in Gefahren und im unwegsamen Gelände gut aufgehoben fühlen. Für sie ist die erste Variante mit Langeweile und Spießbürgertum verbunden, mit dem sie sich nicht identifizieren möchten. Neben diesen zwei Hauptgruppen, wo Menschen sich sicher fühlen, gibt es noch facettenreiche Unter- und Nebengruppen, aber wir wollen nun zuerst einmal die Energieströme und Hintergründe dieser für unser Leben so bedeutenden Energie ausloten. Warum fühlen wir uns in der einen Situationen sicher und schon im nächsten Moment dringen unbehagliche Gefühle aus unserer Magengrube nach draußen. Verteidigungsmechanismen setzen ein. Der Verstand ballt die Faust, Adrenalin wird unnötig verschüttet, ein leichtes Zittern durchströmt die angespannten Nervenbahnen, wir werden unruhig. Das Gefühl der Unsicherheit macht sich breit in unserem Bewusstsein, dehnt sich aus wie ein flach gedrückter Rochen, kriecht in jede Ritze unseres Fühlens und Denkens. Jetzt sind wir wieder beschäftigt, und wie! Wir wollen unser Gefühl der Sicherheit zurück, dafür sind wir auch bereit, jeden Preis zu bezahlen.

In welchen Bereichen sind unsere Sicherheitsenergien beheimatet? Wohnen sie im Haus des Verstandes, des Geistes, des Körpers, der

Raum für Notizen

Seele oder unseren Zellen. Und wer aktiviert sie, diese für uns so wesentliche Energie?

Den Großteil unseres Lebens beschäftigen wir uns mit Sicherheit, durch Beruf und Eigentum, Immobilien, Autos, Partnerschaften und vieles mehr, wollen wir ein Gefühl der Sicherheit in unseren Gefühlen erfahren. Es macht uns unruhig, keine Gewissheit zu haben und unbekannte Territorien zu erforschen. Unser eifriger Forscherdrang wurde durch gesellschaftliche Zwänge in der Kindheit ordnungsgemäß ausgerottet. Brave Kinder forschen nicht, sie sitzen still und brav, gehorchen und bewegen sich möglichst wenig, sprechen, singen oder schreiben sollen sie schon gar nicht. Dann würden sie nicht der Rolle des braven guten Kindes entsprechen, das wir unbedingt zu erziehen haben, wenn notwendig auch mit psychischer oder physischer Gewalt. Und jetzt wundern wir uns, warum Erwachsene sich nicht mehr sicher in ihrer Haut fühlen. Vieles, das uns je Gefühle der Sicherheit vermittelt hat, war Stagnation. Wir haben uns zwingen lassen unsere natürlichen und wesentlichen Gefühle, uns in uns selbst wohl zu fühlen, aufzugeben. Manche konnten sich diese Emotionen bewahren, sie können sich glücklich und dankbar schätzen. Ihre Ohren hören noch die zarte innere Stimme, sie sind gespitzt geblieben, wie die Ohren der Luchse und wilden Raubkatzen. Die Sinne dieser Menschen sind klar. Wie durch eine reine Linse betrachten sie das Leben, lassen alles auf sich zukommen, verurteilen Neues nicht, und öffnen sich für den Fluss des Lebens.

Diese Menschen fühlen sich in sich selbst geborgen und haben einen natürlichen Zugang zum Dasein, ihre Emotionen sind ausgewogen, sie vermitteln Harmonie, Stabilität und Aufrichtigkeit. Wie viele solcher Menschen haben wir schon getroffen? Kann man sie an jeder Straßenecke antreffen? Die Antwort liegt als kümmerliches Nein auf der Hand. Dennoch sind wir alle aufgerufen uns mit der Energie der Sicherheit auseinander zu setzen, um eine wesentliche Bereicherung für unser Leben zu erfahren. Wir alle können mit ein wenig Übung dieses Gefühl wieder in uns wach küssen, ein Energiepotenzial entwickeln, welches das Lebensgefühl um die Höhe von Wolkenkratzern anhebt.

Die erste in unserem Kopf kreisende Frage ist immer das „Wie"? „Wie soll ich das anstellen?", „Was kann ich tun?" Danach kommen schon die Zweifel: „Wird es mir gelingen?" „Bin ich qualifiziert genug?" und dann gesellen sich schon die Ablenkungsenergien zu uns. „Macht es überhaupt Sinn?" Gesellschaftliche Prägungen und Zwänge sind auch in unserem Repertoire: „Was werden die anderen sagen?"

Nach all diesen aufreibenden Fragen entscheiden sich die meisten, das Thema doch lieber fallen zu lassen und sich den spannenden Ablenkungs-Energien hinzugeben, denn sie versprechen sofortigen Genuss und lassen den Schmerz der Sehnsucht, Nähe zu uns selbst zu empfinden, rasch vergessen. Aber es ist nur ein scheinbares vergessen, zumindest für Minuten, Stunden. Um erfolgreich den Verdrängungsmechanismen zu dienen, benötigen wir immer mehr Ablenkungs-Energien in immer kürzeren Abständen und dichterer Konsistenz. Wir ziehen sie uns rein wie Fastfood und wundern uns später, warum wir so kränklich aussehen, wo die Farbe in unserem Gesicht und vor allem das Gefühl für unser Leben geblieben ist.

Noch immer sind wir uns nicht bewusst darüber, wie sehr uns Ablenkungs-Energien vergiften. Sie ummanteln unseren Kern mit einer dicken Betonschicht, wertvolle Energien werden abgewürgt und der Kontakt zu uns selbst wird unterbrochen. Da wir uns von diesen Energien immer mehr beherrschen lassen, schwindet das Empfinden für unsere Verantwortung, wir lassen uns Treiben im Strom derer, die für uns Verantwortung übernommen haben und uns somit auch leicht manipulieren können. Unsere Sicherheit schwindet mit jedem Tag. Sosehr wir ihr auch hinterher laufen, sie lässt sich nicht einfangen, das Lasso ist zu kurz, um sie zu erreichen, unsere Schritte zu langsam, irgendwann geben wir auf. Wir fühlen uns vom Leben im Stich gelassen, beschuldigen unsere Vorfahren, Politik und alles, was uns sonst noch über den Weg läuft und sich gut beschimpfen lässt.

Raum für Notizen

Doch dahinter steht noch etwas, eine andere Energie, die uns etwas mitteilen will, die uns vorsichtige Hinweise sachte vor die Füße legt, als Botschafterin aus längst vergessenen Bereichen unseres Bewusstseins. Sie klopft an das Portal unseres Herzens, bittet um Einlass und schüttelt traurig den Kopf, wenn wir ihr diesen verweigern. Warum klopft diese Botschafterin an die Tore des Herzens und nicht an die der Nieren, des Bauches, oder des Gehirns? Was macht sie so sicher, dass hier der richtige Platz für Einlass ist? Wenn Gefahr im Verzug ist, macht sich unruhige Energie bemerkbar, unser Herz beginnt zu flattern, manchmal haben wir auch schon die Erfahrung gemacht, dass es sich zusammen krampft und schmerzt. Dieser Schmerz führt nicht zu Unsicherheit, nein, sie war schon vorher da und deshalb fühlen wir den Schmerz, die Hilflosigkeit und das mit rasenden Schritten auf uns zukommende Leid. Das Herz birgt das Gefühl emotionaler Sicherheit. Diese wird niemals rational empfunden, sondern lebt immer in den bunten Welten der Emotionen. Menschen mit guter Herzensbildung, Herzensgüte und klarem Unterscheidungsvermögen fühlen sich in jeder Situation mit ihren Gefühlen in Harmonie. Hier liegt der Schlüssel zum Wohlgefühl verborgen.

Millionen von Menschen bangen heute um ihre Gesundheit. Die Wissenschaft predigt unaufhaltsam gesunde Ernährung und ausreichend Bewegung, um den Körper fit zu halten. Wer aber spricht von der Wichtigkeit sein Herz zu öffnen, liebevolle Emotionen für sich selbst und die Mitmenschen fließen zu lassen? Das Herz ist der empfindlichste Teil, in dem unsere zartesten Emotionen beheimatet sind. Sperren wir diese in den Kerker unserer Verdrängungsmechanismen, dann fügen wir uns einen großen Schaden zu. Wir können diesen Schaden aber wieder beheben und heute damit beginnen. Jeden Augenblick können wir nutzen, um ein Schloss nach dem anderen aufzusperren und das zugeschnürte Herz zu befreien, damit es wieder frei pumpen kann. Liebesenergie zirkuliert im Körper um alle Organe, den Geist, den Intellekt, die Energiezyklen, die feinstofflichen und grobstofflichen Ebenen unseres Bewusstseins mit Freudenenergie zu versorgen. Durch diesen freien Fluss aller in uns wohnender Energien erfahren wir das Gefühl der Sicherheit. Sicherheit wohnt in den Emotionen des Herzens, nur von dort breitet sie sich wohltuend auf unseren Körper und Geist aus. Das Herz ist das Zentrum der emotionalen Sicherheit!

Genau diese Erklärung ist der Grund, warum heute so viele Menschen der westlichen Zivilisation in akuter Herzinfarktgefahr schweben. Sie haben dicke Seile um das Herz geschnürt, leben nur noch aus dem Intellekt, lassen keines ihrer wertvollen Gefühle nach Außen dringen. Ihr Körper und Geist ist zu einem Gefängnis ihrer Gefühle geworden, statt zum Paradies, in dem ihre Emotionen gefeiert werden. Und warum? Weil sie Angst vor Verletzung haben. Angst vor Verletzung lässt den Verstand aufhorchen, die Portale zum Herzen werden eilig geschlossen, mit großen Eisenstangen gesichert, damit niemand mehr eindringen kann und hier sein Unwesen treibt. So sieht es jedenfalls der Verstand. Diesen Menschen ist nicht bewusst, dass das Ausmaß ihrer Verletzungsangst von ihnen selbst bestimmt wird. Durch das Schließen der Türen bleibt die vermeintliche Verletzung im Herzen eingesperrt und kann auch nicht mehr entweichen. Sie ist jetzt gefangen und sie ist diejenige, die Schmerz verursacht. Als sie noch außerhalb des Herzens war, bestand noch die Möglichkeit die Verletzung wegzusenden und ihr den Rücken zu kehren. Aber jetzt wütet sie wie eine hungrige Panthermutter im Inneren des Herzens und verwüstet die zarte Flora, beisst sich in den Emotionen fest und lässt keine Gefühle mehr zu. Wir fressen uns im wahrsten Sinne des Wortes selbst auf!

Erinnern wir uns doch nur kurz an die Energie der Offenheit! Was passiert, wenn wir in Momenten der Verletzung offen bleiben? Wir können die schmerzhafte Energie der Verletzung vorüberziehen lassen, wir identifizieren uns nicht damit. Der beste Beweis, dass es möglich ist, eine Verletzungsenergie vorüber ziehen zu lassen liegt auf der Hand: jede Person, die sich nicht mit dieser Energie in bestimmten Situationen identifiziert, fühlt sich nicht verletzt. Deshalb ist

---

Raum für Notizen

es möglich sich von dieser Energie zu distanzieren, aber die meisten denken, sie müssten sie in sich aufnehmen, dadurch identifizieren sie sich mit dieser Energie, und können sie oft erst nach Tagen oder Wochen loslassen. Wir können den Zeitraum des Loslassens dieser Energie selbst bestimmen, wodurch wir uns wesentlich schneller wieder in unsere harmonische Mitte begeben können. Warum nicht gleich wieder loslassen? Jetzt, in dieser Sekunde? Wir haben die Wahl. Durch intensiveres Verstehen der Situation wird rascheres Loslassen gewährleistet. Damit kommen wir schneller zu unserer inneren Sicherheit zurück.

Je öfter wir der Energie der Verletzung die Tore öffnen und sie ins Herz zum Wildfraß einkehren lassen, desto stärker werden wir überzeugt, dass sie die Ursache des Leids ist. Genau das Gegenteil ist der Fall. Sie kann durch ihren Dienst unsere Aufmerksamkeit schärfen, uns jetzt sofort zu entscheiden, diese Energie loszulassen und vor allem sie nicht zu übernehmen. Dann wird sie sich auflösen und es bedarf keiner gewalttätigen Verdrängungen, um sie zum Schweigen zu bringen. Wenn hungrige Löwen in unserem Herzen wohnen, wie sollen wir uns dann sicher fühlen? Öffnen wir das Herz und lassen diese Raubtiere endlich frei, sie sollen in den Dschungel zurückkehren, dort ist ihr natürlicher Lebensraum, nicht in unseren zarten Herzen. Wir wollen unser Herz stärken durch liebevolle Zuwendung zu uns selbst und den vielen Geheimnissen unseres interessanten Wesens. Nehmen wir die Herausforderung an. Spielen wir Entfesselungskünstler, nehmen den Dolch, aber nicht um ihn ins Herz zu stechen, sondern gordische Knoten mit Entschlossenheit zu durchtrennen. Wir haben eine leise Ahnung, wie sich ein entfesseltes Herz anfühlen könnte, wir träumen vom Zustand der fließenden Liebesenergien, deshalb wächst unser Vertrauen und wir streifen die durchschnittenen Seile ab. Wir atmen tief durch, füllen unsere Lungen mit der Energie des Lebens, nehmen alles auf, was uns in unseren kühnsten Träumen erschienen ist und als irreal abgetan wurde. Wir haben die wichtigste Entscheidung in unserem Leben getroffen, unser Herz

Raum für Notizen

ist offen, frei und bereit die fast versiegten Liebesenergien zu aktivieren. Durch diesen Akt identifizieren wir uns mit unserem innersten Kern, und deshalb fühlen wir uns sicher und stark, unaufhaltsam und bereit in den Fluss des Lebens voll einzutauchen. Der Weg in die Sicherheit führt über das Herz, hier liegen die Schätze unvorstellbarer Werte verborgen. Menschen, die nur aus ihrer Herzensenergie leben, fühlen sich nie betrogen, hintergangen oder unsicher. Sie sind eng mit ihrem innersten Kern verbunden, leben die Intensität und Stärke der Gefühle. Gefühle wie sie im Verstand niemals erzeugt werden können. Deshalb liegt das Geheimnis der Sicherheitsenergien im Herzen verborgen.

Energie der Kontrolle
Verstehen und transformieren dieser versteckten Energie

Gedanken, Worte und Handlungen wandern gemütlich durch den Filter persönlicher Wahrnehmung. Dort wird entweder Gefallen an einer Person oder Sache gefunden, oder sofort der Aussortier-Mechanismus in Gang gesetzt. Innerhalb von Zehntelsekunden haben wir unsere Aufmerksamkeit entweder vertieft oder völlig abgewendet. Sobald wir uns für das Vertiefen entschieden haben, entstehen ganz subtile und gut getarnte Mechanismen, die unser Streben nach Besitz und Einfluss aktivieren können. Unabhängig, ob das begehrte Objekt eine Idee, Eigentum oder gar eine Person ist, wir beginnen uns mit dem Gedanken, es besitzen zu wollen, zu identifizieren, oder sollte man eher sagen 'zu infizieren'. Je nachdem wie intensiv der Wunsch nach der zu erobernden Sache ist, desto massiver beschäftigt sich unser Gehirn mit Möglichkeiten, es in Besitz zu nehmen. Manchmal begleiten uns diese Gedanken Tage, Wochen oder Monate, der Geist lässt nicht mehr ab, bis sogenannter Erfolg zu verzeichnen ist. Der Geist beginnt auch oft den Intellekt zu quälen, genauere Pläne zu schmieden, mehr Zeit und Energie einzusetzen, um das Erwünschte zu erlangen. Je stärker wir von dem Wunsch getrieben werden etwas zu besitzen, desto klarer können wir erkennen, dass die Energie der Kontrolle „Guten Morgen" gesagt hat und sich nun nicht so leicht abwimmeln lässt. Sie ist anfangs noch kaum wahrzunehmen, dennoch nistet sie sich im Laufe der Zeit ein, baut ein immer größer werdendes Nest in unserem Körper und verlangt nach Anerkennung, Beachtung und Aufmerksamkeit. Sie kann unser Bewusstsein vollkommen in Anspruch nehmen, uns zu billigen Sklaven degradieren und unglaublich viel Energie für sich beanspruchen. Jetzt ist es an der Zeit die Veränderungs-Energie Willkommen zu heißen. Waren wir noch nicht einfühlsam genug, um die Energie der Kontrolle schon früher mit der Lupe ausfindig zu machen, so sind wir jetzt gezwungen, uns mit ihr näher auseinander zu setzen, sonst nimmt

Raum für Notizen

sie uns in ihren schauderhaften Besitz. Der erste und wichtigste Schritt ist nun allerdings, zuerst einmal zu erforschen, wo sich diese Kontroll-Energie angesetzt hat und ausfindig machen, warum unser Bewusstsein von ihren grausamen, unbarmherzigen, krallenartigen Greifwerkzeugen gewürgt wird. Sie beeinflusst nicht nur unseren Geist, den Intellekt, sondern auch das physische Wohlbefinden und kann sogar beträchtlichen Einfluss auf unsere Gesundheit haben. Schließen sich einmal die Krallen der Kontrolle um unseren Hals, bedarf es eines sehr starken Willens, scharfer Intelligenz und guten Einfühlungsvermögens, um sich wieder zu befreien und den angerichteten Schaden ein wenig gut zu machen.

Gelangen wir nicht zu der Erkenntnis, dass die unabdingbare Notwendigkeit besteht, sich von Mechanismen der Kontrolle zumindest teilweise zu befreien, so kann es passieren, dass wir eines Morgens aufwachen und die Energie der Kontrolle unser Wesen, vielleicht sogar bis zur Gänze, in Besitz genommen hat. Zu diesem Zeitpunkt ist es ungeheuer schwierig noch etwas von unserer Individualität zu retten, denn wir identifizieren uns so sehr mit Kontrolle, dass wir selbst schon zu einem beträchtlichen Teil zu Kontroll-Energie geworden sind.

Es liegt an uns, zu einem sehr frühen Zeitpunkt die Ärmel hochzukrempeln, die Lupe von Sherlock Holmes in die Hand zu nehmen und präzise jeden Teil unseres Bewusstseins eingehend zu betrachten. Unsere alte Freundin, die Intuition, kann wertvolle Unterstützung leisten, sie hat die beste Ausbildung und ist eine perfekte Detektivin, wenn es ums Aufspüren von Energien geht. Schattenhafte Flecken und versteckte Löcher werden dann eingehend lokalisiert, die feinen Fäden der Kontroll-Energien sollen erkannt werden, um dann einen Bericht an unseren Verstand zu senden. Niemand hat behauptet, dass es einfach ist den Privatdetektiv loszusenden, um Schmutzarbeit zu leisten, dennoch lohnt es sich ungemein, denn die Loslösung von der Kontroll-Energie schenkt uns wieder ein Stückchen mehr persönliche Freiheit, wodurch wir unsere Individualität intensiver leben können und Unabhängigkeit von äußeren Umständen erlangen.

Raum für Notizen

Dadurch wird unser geistiges und körperliches Wohlbefinden gesteigert. Warum sollen wir nicht zur Tat schreiten? Was hält uns noch davon ab, sofort zu beginnen? Je früher wir diese Energie transformieren, desto größer ist unser Nutzen. Was sagt unser Geist jetzt, welche phantastischen Argumente liefert er sich im Duell mit unserem Verstand und was wettert er gegen unsere Intuition? Je länger wir warten, desto größer und dunkler werden die Regenwolken und gestalten sich zu schwarzen Monsunwolken, die immer schwerer und dichter werden. Sie müssen sich eines Tages entleeren, die Zeituhr tickt.

Haben wir uns jemals mit der Frage beschäftigt, wann Kontroll-Energien schädlich für uns werden und wie sie nützlich und zielführend eingesetzt werden können? Wollen wir diese raubtierähnliche, alles zerfleischende Energie zähmen und für unsere Ziele transformieren?

Bewegen wir die Beine, werden ganz automatisch über unsere Nervenbahnen im Rückgrat Informationen weitergeleitet, damit wir aktiv werden können. Benötigt der Körper Flüssigkeit, wird eine Meldung an das Gehirn weitergegeben, um sich ein Glas Wasser, Saft, Tee oder sonstiges zuzuführen. Zahlreiche wichtige und lebensnotwendige Kontrollmechanismen durchströmen unseren Körper, um das System zu erhalten. In unserem Bewusstsein sind, ebenso wie im Körper, lebenserhaltende Kontroll-Energien vorhanden. Sie erfüllen verschiedene Funktionen, dienen der Vorausschau und der Warnung, der Zurückhaltung und Vorsicht. Diese Energien schützen unseren fein- und grobstofflichen Körper.

Nun kommen wir zur Schnittstelle, wo diese Energien der Kontrolle in Überdosierung angewandt werden und somit ungesund und manipulierend wirken. Ja, sie wirken manipulierend auf uns selbst, beginnen harmonische Energieströme zu verengen, greifen auf unser System über und bedienen sich wie in einem Supermarkt an unseren Innereien, unseren Nerven und dem emotionalen Haushalt, wollen aber am Ende die Rechnung nicht bezahlen. Wir haben nämlich die Rechnung zu bezahlen, da wir es zugelassen haben, die Schnittstel-

---
Raum für Notizen

le nicht mehr zu beschützen, sondern sie wahllos einer Energie auszuliefern, die erheblichen Schaden in unserem Inneren anrichten kann. Diese Schnittstelle ist nicht nur in jeder Person anders strukturiert, sondern variiert auch innerhalb des gleichen Menschen in unterschiedlichen Situationen. Wir können nun erahnen, wie vorsichtig und achtsam mit dieser Energie umzugehen ist und wie genau wir uns überlegen müssen, ob wir sie frei in unserem Bewusstsein herumlaufen lassen, oder ihr ein fest abgestecktes Territorium zuweisen. Diese Energie kann zu unserer Dienerin werden, oder herrschsüchtig den gesamten Hausstand übernehmen, ohne zu fragen. Unser aufmerksames Beobachten dieser Kontroll-Energie ermöglicht den sorgfältigen und schlauen Einsatz.

Tief im Bauch haben wir ein Gefühl dafür, was noch gesund ist und was sich ungesund auf uns auswirkt, dennoch vertrauen wir allzu gerne dem laut plappernden Geist in Form von Ausreden, faulen Versprechungen und vagen Hoffnungen. Sobald sich ein Gefühl der inneren Unruhe einstellt, sich Menschen in unserer Umgebung wehren, verbaler oder sogar physischer Druck ausgeübt wird, mit Gewalt Meinungen oder Sachverhalte erzwungen, bestimmte Verhaltensweisen von anderen erwartet werden, bedingungslose Ultimaten gestellt werden, und diese Liste lässt sich noch endlos fortsetzen, dann hat sich die Energie der Kontrolle eingeschlichen. Sobald der Freiraum nur eines einzigen Menschen eingeschränkt wird und individuelle Entwicklungsmöglichkeiten eingeschränkt werden, können wir mit Sicherheit der Kontroll-Energie ins Auge blicken. Überall dort werden manipulativ Energien ausgetrocknet, gewaltsam umgeleitet, der Lebensraum anderer Menschen beschnitten, die Luft zum Atmen verdünnt, Ängste geschürt, die Lebensqualität eingeschränkt. Nun betrachten wir unser eigenes Leben, wo beschränken und beschneiden wir uns selbst, wo schüren wir unnötig Ängste in unserem Geist und wann nehmen wir uns selbst die Luft zum Atmen. Wir können diese kleine Analyse täglich anwenden, denn sie ist die Lupe von Sherlock Holmes, damit die immer hungrige Kontroll-Energie ausfindig gemacht und auf ihren Platz verwiesen werden kann. Ein wenig

Raum für Notizen

Feingefühl für eigene Handlungen lässt uns Kontroll-Energien an ihrem Entstehungspunkt in konstruktive Energieströme umformen. Wir brauchen sie nicht mehr zu fürchten, denn wir verstehen die Notwendigkeit ihrer Natur und lassen sie nur dort leben, wo uns ihr wertvoller Dienst Unterstützung gibt.

Diese Energieform in uns selbst zu betrachten, fällt meist sehr schwer. Wesentlich einfacher ist es kontrollierende Energien in anderen, meist nahestehenden Menschen zu beobachten. Doch können wir von diesen Beobachtungen leichter eine Inspektion unserer eigenen Energien erhalten. Die Verstecke in unserem Bewusstsein sind unvorstellbar ausgeklügelt und geheim, schwer finden wir Zugang, um allen Kontroll-Mechanismen auf die Spur zu kommen. Es gibt aber eine Methode, die wie ein Staubsauger selbst die kleinsten Kontroll-Energien findet und reinigt. Diese besondere Energie geht vom Herzen aus, arbeitet eng mit der Intuition zusammen und wird durch Offenheit und dem starken Wunsch nach Selbstanalyse aktiviert. Sie strömt in die hintersten Winkel des Geistes und spürt mit Leichtigkeit die kleinen und großen Kontroll-Energien auf. Diese in ihren Schwingungen offene Energie fühlt sich ähnlich wie die Liebesenergie an, ist eher eine Hüterin des Herzens und Beschützerin der Liebesenergien. Sie arbeitet sich mit viel Feingefühl durch die zerbrechlichen Kanäle, in denen die Kontroll-Energien durch ihre festgefahrenen Muster der Unbeugsamkeit Schaden anrichten können. Sie spüren Kontroll-Energien leicht auf und erstatten dem Intellekt eine Meldung. Nun liegt es im Ermessen des Verstandes angemessen mit diesen vernichtenden Kontroll-Energien umzugehen. Eine der sichersten Methoden Kontroll-Energien aufzuweichen, ist es ihnen zu verstehen zu geben, dass ihnen kein Futter in Form von Aufmerksamkeit zur Verfügung gestellt wird und sie sich verflüchtigen dürfen. Die Aufmerksamkeit in eine andere Richtung lenken, somit wird der Futterhahn zugedreht.

Die Kanäle sollen frei gehalten werden für weich fließende Energien, die Wohlgefühl vermitteln. Wie das Zähneputzen morgens und abends,

Raum für Notizen

ist es sinnvoll, eine kurze Analyse zu machen, welche Kontroll-Energien uns heute wieder manipulieren und uns davon loslösen. Machen wir das regelmäßig, entwickeln wir die Spürnase eines Hundes für Kontroll-Energien und können uns immer wieder von dieser manipulativen Energie entlasten.

Sich den Kontroll-Energien unterzuordnen bedeutet, unnötige Belastungen auf den Schultern zu tragen, die unseren Rücken im Laufe der Zeit rund und buckelig machen. Der Geist wird unaufhörlich bis zu einem unerträglichen Ausmaß zum Rotieren gebracht. Statt Lebensfreude zu genießen, wird nun vermeintliche „Freude" durch das Kontrollieren von anderen Personen gezogen. Macht tritt als nächste Energie in der Tagesordnung auf und schon befinden wir uns im geschlossenen Kreislauf der destruktiven Energien. Destruktiv ist eine Energie nur dann, wenn sie zum falschen Zeitpunkt und/oder am falschen Ort eingesetzt wird. Ursprünglich ist keine Energie destruktiv.

Befreiung von destruktiven Energien ist im Grunde genommen einfach, nur haben wir uns innerhalb kurzer Zeit so sehr an die Kontroll-Energie gewöhnt und uns mit ihr verbunden. Wir denken, ein Teil von ihr zu sein. Wir identifizieren uns mit dieser Energie als wäre es eine Basis unseres Seins. Deshalb gestaltet sich die Loslösung als schwierig. Der Wille, gepaart mir klarer Einsicht, kann die illusorischen Fesseln durchtrennen. Je mehr Wissen über diese Energie vorhanden ist, desto größer ist die Chance sich zu befreien, denn Befreiung ist die logische Anwendung und Umsetzung von Wissen. Wissen wiederum setzt sich aus dem Wissen des Verstandes und der Intuition zusammen. Sie arbeiten wie Zahnräder, eines dient dem anderen.

Manche Menschen mögen eine starke Affinität zur Kontroll-Energie haben, andere eine weniger starke. Unsere Wesensnatur entwickelt sich durch die Jahre aufgrund von Wünschen und Entscheidungen, aufgrund Vorlieben, Erfahrungen, der gewählten Umgebung, dem Einfluss anderer den wir freiwillig annehmen. Je eindeutiger wir unsere Werte deklarieren, je mehr wir mit fließenden Lebensprinzipien

---

Raum für Notizen

kooperieren, je gekonnter wir Werte und Prinzipien miteinander verweben, desto deutlicher distanzieren wir uns von Kontroll-Energien. Erst dann beginnen wir die Kontroll-Mechanismen als Ausdrucksform eines ewigen, sich immer wieder wiederholenden Spiels zu betrachten. Es fällt dann leichter eigene Handlungen losgelöst zu betrachten, deren Basis die Kontroll-Energie war, statt kollegialer, freundschaftlicher oder liebender Austausch. Sogar die übermäßige Kontrolle zu verlachen, die uns nur in ein Korsett zwängt, ist uns nicht mehr fremd. Wir entziehen der Kontroll-Energie die Energiezufuhr, nämlich Aufmerksamkeit, Angst und Gier.

Was am Anfang noch als fast unmöglich erschien, wird jetzt zur täglichen Übung, es könnte sogar zur spaßvollen Übung werden. Humor kann innerhalb von Sekunden die dunklen Nebelschwaden der Kontroll-Energie auflösen, wie ein unsichtbares Messer werden Seile durchtrennt. Plötzlich durchflutet neue sonnige Lebensenergie die Zellen. Jetzt ist es an der Zeit unsere Dankbarkeit auszupacken, sie wartet darauf genützt zu werden. Sie stärkt unsere Willenskraft. Bewusste Wahrnehmung von Gedanken, ihrem Ursprung, den sorgsam überlegten Worten und eindeutigen Handlungen benötigen eine intensive Willenskraft, sonst plappern wir nur von anderen gekautes und ausgespucktes wieder. Einen starken Bezug zu unserer Wesensnatur zu entwickeln bedeutet, sich ständig selbst unter die Lupe zu nehmen, Unbrauchbares auszusortieren und Brauchbares weiterzuentwickeln. Die ersten bewussten Schritte in diese Richtung sind ein wenig mühsam, wie das Erlernen des Klavierspielens, die Finger suchen langsam die richtigen Tasten, doch nach einiger Zeit setzen sie sich wie von alleine in Bewegung und wollen spielen. Sie benötigen dann auch keine Anleitung mehr. Genauso geht es uns bei der Selbstbeobachtung.

Besonders gravierend kann sich die Kontroll-Energie auswirken, wenn Eltern sich über ihre Kinder verwirklichen möchten. Sie wollen den lieben Kleinen scheinbar Gutes tun, doch die tatsächlichen Motivationen verstecken sich in tiefen Kellern des Unbewussten. So möch-

---
Raum für Notizen

ten Eltern dem Nachwuchs die beste Ausbildung zu teil werden lassen, damit die Kinder es einmal besser und leichter haben, als sie es selbst hatten. Sie wollen ihre Kinder, selbst wenn es für sie große finanzielle Schmerzen bedeutet, studieren lassen, die Kinder vielleicht sogar ins Ausland schicken. Haben sich all diese Väter und Mütter jemals den Kopf darüber zerbrochen, was die wahre Natur ihres Kindes ist und wie dieser Natur am Besten gedient ist? Warum soll es einem Kind ausgerechnet mit einem Studium besser gehen, wenn es noch dazu bis jetzt nicht gerne gelernt hat? Einige der reichsten Männer und Frauen auf diesem Planeten sind sogenannte ungelernte Arbeitskräfte, sie haben sich selbst beigebracht einen oft beeindruckenden Weg zu gehen. Und wie? Indem sie einen Schritt vor den nächsten gesetzt und niemals aufgegeben haben. Jeder Rückschlag wurde als Bestätigung gesehen den nächsten Schritt einzuleiten. Unter den erfolgreichsten Menschen finden sich oft diejenigen, mit den meisten Schicksalsschlägen und Rückschlägen. Wir lernen durch versuchen und nochmals versuchen, wieder ausprobieren und erneut testen. Das nennt man dann Erfahrung und Anwendung von Wissen.

Noch ein Stockwerk tiefer. Der innerste Kern von Töchtern und Söhnen muss erst von Müttern und Vätern in ihrer Vielfalt verstanden werden, dann erst sollten diese im Kinde innenliegende Wahrheiten unterstützt werden, um möglichst frei an die Oberfläche treten zu können und sich unbeeinflusst zu entwickeln. Das ist die ursprüngliche Bedeutung von Erziehung! Die verborgenen Talente eines Kindes zu entdecken, zu fördern und Freude an dieser individuellen Entwicklung zu haben, unabhängig welche Richtung eingeschlagen wird. Warum kann ein Kind nur mit der besten Ausbildung glücklich sein? Vielleicht, weil es sich die Eltern wünschen? Geht es dann um das geliebte Kind, oder um die Wünsche der Eltern?

Wenn Väter und Mütter sich in ihrer Erziehungsarbeit auf die Förderung besonderer Talente ihrer Sprösslinge kümmern, wird nicht nur eine starke und innige, lebenslange Beziehung aufgebaut, sondern

---
Raum für Notizen

diese Kinder fühlen sich auch angenommen, geliebt, verstanden und beschützt. Sie werden mit Gewissheit glücklicher sein und es besser haben, da sie sich selbst näher sind und ein gutes wertvolles Gefühl für ihre individuelle Wahrheit entwickelt haben.

Sobald wir diese Geisteshaltung verstanden und zu unserer eigenen gemacht haben, wird sich der Austausch zu unseren Kindern drastisch und sehr positiv verändern. Kinder beginnen mit Freude ihr Leben selbst in die Hand zu nehmen. Sie haben jetzt nicht mehr das Gefühl, sie lernen für ihre Eltern oder Lehrer, sondern für sich selbst, um ihre Pläne zu erfüllen. Sie übernehmen Verantwortung für ihre Handlungen, haben ein Ziel vor Augen und entwickeln eine Vision für ihr berufliches und privates Leben. Den Eltern geht es auch sehr gut dabei. Sie sehen, wie ihre Kinder glücklich sind, unabhängig von gesellschaftlichen Meinungen und Standards. Diese Unabhängigkeit intensiviert die Fähigkeit in der eigenen Wahrheit zu leben. Dadurch können Kontroll-Energien wesentlich schwerer Zugang zu uns finden.

Energie der Intuition
Warum sie uns täglich Lebensfreude und Intensität schenkt

Wir wollen alle in ungeahnten Höhen schwelgen, niemals mehr Schmerz erfahren, das Leben in vollen Zügen genießen, keine leidvollen Zustände ertragen müssen, die Schönheit in allen Lebenslagen auskosten, geistige und materielle Fülle in unendlicher Vielfalt erhalten. Wie stark ist unser Wunsch tatsächlich? Oder ist es nur ein vager Traum, ohne Hoffnung? Warum schweben wir immer wieder, wie auf einem Drahtseil zwischen Gut und Böse, angenehm und unangenehm, größer und kleiner, gefangen in einem nicht enden wollenden Kreislauf von weiß und schwarz? Wo sind all die Regenbogenfarben geblieben, haben sie sich aufgelöst in unserem hoffnungslosen Geist? Ist unserer Verstand jemals an die eigenen Grenzen vorgestoßen, um neues Territorium zu betreten? Was waren unsere Erfahrungen? Sind wir offen geblieben für neue Erfahrungen? Die Liste der Fragen ließe sich genauso fortsetzen, wie die Liste der Antworten, beide sind berechtigt und inspirierend. Vielleicht noch eine wichtige Frage. Fühlen wir uns oft leer, ausgepumpt, verbraucht, benutzt und ohne Freude?

Oft angesprochen, doch selten in ihrer Tiefe und Tragweite ausgelotet, fristet die Intuition ein Schattendasein, gut verborgen in modrigen unterirdischen Kammern, zugenagelt mit unförmigen Brettern, eingebettet in nichtssagende Dunkelheit. So behandeln wir unsere Intuition. Würden wir so leben wollen?

Immer wenn Menschen von Intuition sprechen, erzählen sie von einem starken inneren Gefühl. Oft können sie nicht näher erläutern, was es ist, als ein tief sitzendes Empfinden das plötzlich an die Oberfläche tritt. Wie das Aufleuchten einer Sternschnuppe manifestiert sich die Intuition, es gleicht einer Vorahnung, schon vorher zu wissen, welchen Ausgang eine Situation haben wird.

Raum für Notizen

Aber auch ohne Vorwarnung meldet sich jene Intuition, von der wir soviel erwarten. Doch hier ist die Erwartung genau richtig, sie wird nicht enttäuscht werden. Hier können wir sogar viel erwarten, denn die Intuition wird uns bestimmt gut führen. Eine grundlegende Voraussetzung müssen wir allerdings erfüllen. Es ist unbedingt notwenig, die Stimme der Intuition von der Stimme des wankelmütigen Geistes zu unterscheiden. Diese beiden Stimmen sind solange im Wettstreit um unsere Aufmerksamkeit, bis wir jeder den passenden Platz zugewiesen haben. Es gibt kein falsch und richtig, nur ein jetzt annehmen oder ein später verstehen. Diese Fähigkeit auf die Intuition mit Achtsamkeit zu lauschen, basiert auf einigen einfachen Prinzipien, die durch tägliches Üben sehr rasch zum Erfolg führen. Wir müssen eine Entscheidung treffen, haben paarweise marschierende, gut klingende Für und Wider in unserem Kopf, aber es mag sich weder die eine noch die andere Entscheidung wirklich gut anfühlen, sie manifestiert sich einfach noch nicht. Die Stimme in unserem Bauch wird lauter, das Stresspotenzial steigt, die Unruhe lässt unseren Fuß wippen, die Finger spielen nervös. Welchen Weg sollen wir einschlagen?

Der erste und wesentlichste Schritt ist, Innehalten. Unabhängig, wie groß der Stress ist, wie dringend die Entscheidung zu fällen ist, innehalten bringt uns im Laufschritt zum Ziel. So abstrakt es auch klingen mag. Dann öffnen wir unser Herz, lassen die beiden Stimmen weiter reden, stoßen uns nicht an ihrem Zwiegespräch. Der alles entscheidende Schritt wird jetzt eingeleitet.

Bevor wir ihn einleiten, sollten wir uns bewusst darüber sein, dass er sowohl mit wenig Training, als auch mit viel Training eine bestimmte Erfolgsquote verspricht. Viel Training mit der Intuition ermöglicht wesentlich klareres Erkennen. Das Training mit der Intuition läuft nur über den Übungsprozess im täglichen Leben ab, es kann sofort angewandt und umgesetzt werden. Nachdem wir innegehalten haben, stellen wir nochmals die Frage und warten. Innerhalb von Sekunden melden sich zwei Stimmen. Eine Stimme ist etwas langsamer und klarer, eine schneller und hektischer, eine leiser, eine lauter. Nun hängt

---
Raum für Notizen

es von unserem Trainingsprogramm ab, ob wir schon viel geübt haben, oder erst wenig. Anfangs hören wir die Intuition nur leise, zart und sehr langsam. Sie bahnt sich vom Solarplexus den Weg sanft nach oben zum Verstand. Der Verstand hat die lobenswerte Aufgabe das Gefühl (denn die Intuition ist ein Gefühl, ein Empfinden der Richtigkeit) in Worte zu fassen. Dieser Vorgang braucht ein wenig Zeit, und hier haben wir die klarste Unterscheidung der beiden Stimmen. Die Stimme des Geistes ist meistens sehr schnell, denn sie hat aufgrund ihrer Prägungen Antworten parat und braucht diese nur auszuspucken, ohne Rücksicht auf die derzeitige Situation oder den Bewusstseinszustand der Person. Der Geist plappert den einmal auswendig gelernten Text und hilft uns damit wenig, die für uns jetzt richtige Entscheidung zu fällen. Wenn Antworten zu schnell, zu vorgefertigt, zu maschinell, wie aus der Pistole geschossen kommen, können wir fast mit Sicherheit annehmen, dass die Stimme des Intellekts wieder ein vorgefertigtes Produkt zum Besten gibt. Dieses mag uns wenig dienstbar sein und auf lange Sicht oft Unzufriedenheit und Disharmonie bringen. Eines der interessantesten Merkmale der Intuition ist es, in scheinbar gleichen Situationen unterschiedliche Impulse zu geben, denn wir sind ein sich ständig ändernder Organismus. Die einzige Stabilität in unserem Leben ist die Veränderung. Jeder Moment dieses Lebens bedarf besonderer Entscheidungen, kein Moment gleicht dem anderen, auch wenn es vordergründig oft so scheinen mag. Das liegt daran, dass wir noch nicht zu verstehen gelernt haben die mannigfaltigen Möglichkeiten auszuschöpfen und unsere experimentelle Abenteuerlust auszuleben. Wir wollen doch wieder aus dem Vollen schöpfen, uns ganz spüren! Je mehr wir auf unsere Intuition hören, desto kräftiger wird sich diese Stimme melden und uns eine wertvolle Begleiterin auf dem Weg durchs Leben sein. In kleinen und großen Entscheidungen steht sie uns immer zur Seite, reinigt unseren aufgeregten Geist von Ablenkungen, verjüngt unseren Verstand, bringt ihn wieder zum Ursprung, unserer Freudenenergie, zurück.

Raum für Notizen

Wir hören die Intuition nicht nur zart und leise, sobald wir beginnen uns mit ihr auseinander zu setzen, sondern wir müssen uns auch darüber bewusst sein, dass wir sie überhören oder ihren weisen Ratschlag nicht annehmen. Wir sind es gewohnt mehr auf die praktisch verpackte und laut kreischende Stimme des Geistes zu hören. Wir können nun einen Trick anwenden, uns doch wieder und wieder mit ihr zu verbinden. Manchmal, nachdem wir eine Entscheidung getroffen haben, fühlen wir „das war jetzt falsch für uns". Wir können die Entscheidung oft nicht mehr verändern. Bei kleinen unwesentlichen Entscheidungen entsteht meist kein großer Schaden, bei Großen ist es manchmal ein Schicksalsschlag. Deshalb ist das tägliche Training mit der Intuition im Alltag unerlässlich, es lehrt uns immer deutlicher mit ihr zu kooperieren. Haben wir jetzt eine „Fehlentscheidung" getroffen, das heißt, trotz Hinweis der Intuition uns anders entschieden, so können wir jetzt verbal Kontakt mit der Intuition aufnehmen und uns dafür entschuldigen. So beginnen wir eine richtige Beziehung mit unserer Intuition. Sie versteht, dass wir anfangs noch nicht das richtige Gespür für sie hatten, aber kann unsere Bereitschaft sehen, mit ihr zu kooperieren. Intuition repräsentiert das innerste Gefühl für Wahrheit und Richtigkeit, das ganz unserem individuellen Wesen entspricht. Niemand anderer kann uns jemals so perfekt und harmonisch durchs Leben führen, wie unsere Intuition. Allerdings müssen wir sie zuerst schützen, vor der Stimme des Intellekts, diesen Geist an seinen Platz verweisen.

Gleichzeitig in Kontakt mit der Intuition sein und das tägliche Üben in jeder beliebigen Situation garantiert uns das Herausarbeiten einer klaren und kräftigen Stimme in unserem Bauch, der Bauchstimme. Jede noch so kleine Entscheidung wird sorgsam von der Intuition bearbeitet, ausreichenden Prüfungen in sekundenschnelle unterzogen, dann weiter zum Verstand geleitet, damit dieses Gefühl der Richtigkeit in Worte gefasst werden kann. Das ist die ursprüngliche und wesenseigene Aufgabe des Intellekts. Jede andere selbst gesuchte Aufgabe verführt den Verstand zu Spekulationen, die nach einiger

Raum für Notizen

Zeit wieder verworfen werden. Wahrheit bleibt jedoch bestehen, denn sie ist ewig und muss nicht revidiert werden. Solange der Intellekt dem Gefühl für Wahrheit dient, ist die Kooperation optimal, doch wenn er eigene Wege beschreitet, sich von der Intuition abwendet, beginnt ein Spießrutenlauf mit der Wahrheit. An diesem Punkt angekommen, erkennen wir nicht mehr klar, was Intuition und was Intellekt ist. Denn der Intellekt lässt sich nur zu gerne vom Geist beeinflussen und damit verlieren wir unseren Kontakt zur Intuition. Unser Gefühl für die individuelle Wahrheit geht verloren und wir beginnen uns anderen unterzuordnen, unser Wesen zu verleugnen und in der Lüge zu uns selbst zu leben. Wir entscheiden oft gegen unser inneres Wissen. Das macht uns schwach und abhängig. Wir fühlen uns nicht mehr glücklich und zufrieden, wenig ausgeglichen und benötigen dadurch ständig Stimulationen von außen.

Angeblich ist all unser Wissen in den Emotionen gespeichert. Informationen können innerhalb der Emotionen in wesentlich größerer Anzahl und kürzerer Zeit auf Herz und Nieren überprüft werden. Der Verstand würde für die gleiche Anzahl an Informationen wesentlich länger brauchen und hat nicht den erforderlichen Tiefblick. Sind die Emotionen klar wie Quellwasser, kann die Intuition perfekt arbeiten. Sie benötigt nur saubere Kanäle, um die Weisheit frei fließend zum Verstand zu transportieren, wo die Worte zum besseren Verständnis geformt werden. Das bedeutet, klare, gereinigte Emotionen, liefern uns wahrhafte und besser überprüfte Ergebnisse. Reinheit der Emotionen erfahren wir durch aufrichtige Entscheidungen, klar definierte persönliche Werte, die allerdings keinesfalls fanatisch verfolgt werden sollten. Auch Einfachheit kann ein wertvoller Wegbegleiter sein.

Intuition kann durch ihre vielschichtigen Wegweiser und Ratschläge das Leben zu einem Traum gestalten. Wir fühlen uns von einer richtigen Entscheidung zur Nächsten getragen und können fast ohne innere Widerstände im Fluss des Lebens schwimmen. Das bedeutet noch lange nicht, intuitiv lebende Menschen hätten keine Herausforderungen zu meistern. Aufgrund der Zusammenarbeit mit der Intuiti-

---
Raum für Notizen

on gehen sie mit Schwierigkeiten und Hindernissen anders um. Zuerst einmal sehen sie, statt dem Problem, eine Möglichkeit um zu wachsen. Das öffnet ihr Herz und lässt alle Widerstände gegen die neue Erfahrung fast völlig zur Seite gleiten. Somit ist die Basis für einen erweiterten Horizont geschaffen, von dem bequem weitergearbeitet werden kann. Des weiteren fühlen sich diese Menschen nicht ständig bedroht von unerwarteten Äußerungen, sogenannten Angriffen, und veränderten Lebenssituationen. Sie besitzen die Fähigkeit erst einmal gelassen zu bleiben, lassen den Dingen ihren Lauf, mischen sich nicht sofort in alles und jedes ein. Dadurch bleiben ihre Kanäle klar. Diese Art der Gelassenheit ist nicht zu verwechseln mit der phlegmatischen Gelassenheit, wo nur aus Trägheit nicht weiter gedacht oder getan wird.

Intuition ist die wertvollste Botschafterin, die mit allen unseren individuellen Weisheiten vertraut ist und sie genau zum richtigen Zeitpunkt einsetzt. Der Unterschied zwischen Gut und Böse ist somit klar definiert. Alles hat seine Berechtigung, doch werden Gedanken, Worte, Handlungen zu sogenannten negativen Energien, wenn sie zum falschen Zeitpunkt und am falschen Ort angewandt werden. So einfach ist die Erklärung, warum das sogenannte Böse in der Welt zugelassen wird. Es ist unsere Unfähigkeit zu erkennen, was jetzt passend und was unpassend ist. Unser Einfühlungsvermögen für Menschen und Situationen, unsere Rücksichtnahme auf andere ist verloren gegangen. Das Gefühl für die richtigen Worte und Handlungen ist uns abhanden gekommen. Wir handeln oft mechanisch, ohne Rücksicht auf den Ratschlag unserer Wahrheit. Damit geht unsere Individualität verloren und wir fühlen uns getrennt von uns selbst. Somit entsteht eine große Leere in uns. Diese Leere verursacht Druck, besser als die anderen sein zu wollen. Wir alle unternehmen große Anstrengungen, uns von den anderen durch außergewöhnliche Leistungen zu unterscheiden, nehmen gewaltige Lasten auf uns, nur um diese unangenehme Leere zu füllen. Wir übernehmen Verantwortung für Personen und Dinge, mit denen wir nichts zu tun haben, damit mi-

---
Raum für Notizen

schen wir uns zwanghaft in das Leben anderer ein und unsere Hilfe kann leicht manipulativ werden.

Der freie Wille und der starke Wunsch danach können uns unserer Intuition wieder näher bringen. Es erfordert Disziplin und Hingabe, Offenheit und Vertrauen diese besondere Stimme im Bauch freizulegen, zu pflegen, zu nähren und anzunehmen. Sie will uns den entscheidenden Hinweis geben, um richtig zu handeln, denn sie weist uns den wahrhaften Weg, wir aber lassen uns ablenken, treten immer wieder ins selbst gemachte Fettnäpfchen.

Das muss nicht immer so weiter gehen! Befolgen wir die zwei Schritte, Erstens innehalten und Zweitens den beiden Stimmen genau zuzuhören, so werden sich uns schon nach wenigen Wochen die Unterschiede präsentieren. Es scheint völlig natürlich, noch deutlicher hinzuhören und langsam hebt sich die Stimme der Intuition klar ab. Der Prozess wird spannender, es kommt Bewegung in den Alltag. Diesmal nicht durch Geschehnisse von außen, sondern durch eine neu erfahrene Fülle aus dem Herzen und dem Gefühl. Ein neues Erleben drängt sich auf angenehme Weise in den Vordergrund.

Der Tanz kann beginnen. Es ist kein Tanz mehr im Lebenskampf, die Bewusstseinszustände haben sich geändert. Durch stetiges Training sind unsere inneren Hörmuskeln gestärkt, erkennen in Sekunden, wer jetzt von den beiden Stimmen zu ihnen spricht und setzen eindeutige Schritte in genau die richtige Richtung, die gut für uns ist. Ein ganz wesentlicher Aspekt, den wir oft nicht genug wertschätzen, der das Leben aus der Intuition bestätigt, ist der Zeitfaktor. Es wird nicht mehr unnötig Zeit für Entscheidungen, die uns nichts bringen, die nichts mit unserem Leben zu tun haben, verschwendet. Das Zeitpotenzial für unser persönliches Leben wächst. Sobald wir die Aufmerksamkeit auf uns selbst richten und nicht mehr auf Äußerlichkeiten mit anderen Menschen, die kein Interesse an Tiefgang und freudvoll gelebter Emotionalität haben, erhöht sich auf mystische Weise unser Zeitpotenzial und wir leben nach unseren eigenen Prioritäten. Wo vorher Tratsch und bangloses Erörtern war stehen jetzt intensi-

---
Raum für Notizen

ver Austausch mit unseren belebenden Emotionen. Wir verstehen immer mehr den Sinn unseres Daseins, wobei sich eines Tages auch, vielleicht ganz nebenbei, die Frage nach unserer Berufung stellt. Diese Frage kann nur von der Intuition in Zusammenarbeit mit dem Herzen beantwortet werden. Kein noch so scharfer Verstand kann sich erschöpfend und zielführend mit dieser Frage beschäftigen. Nur die von Unwissenheit freigelegten Emotionen können sich hier in den Schatzkammern des Herzens schlau machen, die wertvollsten Edelsteine in Form von persönlichen Talenten langsam und vorsichtig zur Oberfläche senden.

Wir mögen uns berechtigterweise fragen, warum diese Prozesse langsam ablaufen müssen und nicht in sekundenschnelle ausgeführt werden können. Tatsächlich ist es möglich, aber bedenken wir einmal folgendes: je tiefer wir in uns graben, desto intensiver werden wir mit unserer hellen Energie in Kontakt kommen, die auch als reine Kraft in unserem Mikro-Kosmos spürbar ist. Diese in uns liegenden strahlenden Energien sind zur Zeit bedeckt durch unsere inneren Widerstände, sie verbergen unsere Schönheit, teilweise oder bei manchen Menschen sogar fast ganz. Die Quantenphysik bestätigt uns, dass Materie verdichtete Energie ist. Der Körper ist die Verdichtung von Energie, die ursprünglich sehr hell und gleißend war. Ein winzig kleiner Teil dieser Energie steckt in uns. Wenn diese verdichtete Energie, der materielle Körper, mit viel Licht bestrahlt wird, dauert es einige Zeit bis die Zellen in unserem Körper diese Energie angenommen haben. Warum? Weil wir Widerstand leisten. Wir sind nicht, oder noch nicht, offen genug diese Energie in jeder Zelle und in unserem Herzen aufzunehmen. Sitzen wir beispielsweise ungeschützt für eine lange Zeit in glühender Sonne am Äquator, dann verbrennt unsere Haut. Wir müssen erst lernen mit einem „zuviel" an Helligkeit und Hitze umzugehen. Je offener unser Herz und je flexibler unsere Einstellung ist, desto rascher werden wir uns mit unseren eigenen Lichtenergien verbinden können. Je stärker wir uns mit Energien der Kontrolle identifizieren, desto länger wird dieser Prozess dauern. Sobald

Raum für Notizen

wir im Inneren diese hellen Energien anerkennen und ausdehnen, erkennen wir auch in unserer Umwelt den Reichtum an hellen Energien. Nehmen wir dunkle Energien wahr und geben ihnen keine Zuwendung und somit keinen „Strom" mehr. Sie wenden sich automatisch ab, wandern ins Schattendasein. Das ist der Durchbruch in der Zusammenarbeit mit unserer Intuition. Ab jetzt erhalten wir großartigen Schutz für unsere Persönlichkeit, die sich nun ganz frei und ungehindert entwickeln kann.

Der Beginn unserer Reise war vielverzweigt, denn wir mussten uns für eine Strasse entscheiden. Dieser Schritt war der schwierigste und größte von allen. Jetzt fahren wir gerade, im Schatten großer Bäume, geschützt vor den ablenkenden Energien des Intellekts. Der besondere Genuss dieses Lebens liegt im Erleben und Ausleben individueller Energien, die nur dieses eine Lebewesen in Vollendung in sich trägt und mit ungeteilter Freude genießen kann. Selbst die unangenehmsten weltlichen Situationen vermögen keinen Schatten zu werfen, denn sie sind nur zeitweiliger Ausdruck vorübergehender Unwissenheit über sich selbst. Diese Freude, im Einklang mit der Intuition zu leben, ist mit nichts zu vergleichen, sie ist immerwährend und ewig, sie trägt uns von einem sinnerfüllten Moment zum nächsten.

Ich danke euch allen für eure ungeteilte Aufmerksamkeit und eure besondere Hingabe zu euch selbst!

Weitere Werke der Autorin
- in Vorbereitung-
Energien der Emotionen 2
Aus dem Inhalt:
1 Energie des Vertrauens
2 Energie der Liebe
3 Energie des Schmerzes
4 Energie der Enttäuschung
5 Energie der Verantwortung
6 Energie des Ärgers
7 Energie der Verwirrung
8 Energetische Verletzungen
9 Ausbeuterische Energien
10 Energien der Zweifel
11 Mobbing-Energien
12 Energie der Wahrheit
13 Energie der Macht
14 Die energetische Hauptrolle im eigenen Leben spielen!

2 Welten - 4 Schicksale (Roman)

In letzter Minute wird es der erfolgreichen Wissenschafterin Aurori genehmigt, in das Dorf Pankagu der verbotenen Südwestwelt zu reisen, um Lösungsansätze für die knapp vor dem Kollaps stehende Ostwelt zu erkunden.

Gleichzeitig entscheidet der Rat der Wissenden, die unerfahrene Evadin in die Glashausstadt Xandimas zu senden. Für beide wird die Reise zu einer harten und unausweichlichen Prüfung. Erst nach und nach wird ihnen, unabhängig voneinander, das Ausmaß der Verantwortung bewusst, das ihnen aufgebürdet wurde.

Um in der Südwestwelt zu überleben, muss Aurori lernen verschüttetes Wissen aus ihrem Inneren frei zu schaufeln, und Evadin sieht sich gezwungen selbst unter widrigsten, menschenunwürdigsten Umständen ihr Vertrauen zu behalten und ihre innere Stärke zu leben. Umso länger die Reise dauert, desto auswegloser scheint sie, und beiden Frauen fällt es schwer sich in der Welt der anderen zurecht zu finden.

Plötzlich scheint das Schicksal eine jähe Wende zu nehmen, als der ehemalige Geliebte Auroris, Jiango, eine, sein Leben bedrohende, Entscheidung trifft.

Die mit eisiger Kontrolle regierte Ostwelt gerät immer mehr unter Druck. Der Vorsitzende Maotu scheint nur oberflächlich von der Notwendigkeit überzeugt die Südwestwelt zu erforschen, er glaubt noch immer an die Mittel von Macht und Kontrolle, Gewalt und Zwang. Doch dann erfährt er von der Ankunft einer jungen Frau aus Pankagu in seiner Hauptstadt Xandimas.

Gibt es eine Chance für die überlebensnotwenige Annäherung zwischen Ostwelt und Südwestwelt?

Weitere Titel aus unserem Verlagsprogramm

Dick Hellwich
Erwecke die Pendelkraft in Dir
ISBN 978-3-89575-124-0

Dick Hellwich führt behutsam Schritt-für-Schritt in die „Geheimnisse" des Pendelns ein. Ein Buch nicht nur für Einsteiger. Selbst der Fortgeschrittene wird eine Menge neuer und interessanter Erkenntnisse erlangen.

Einer umfassenden Einführung in das Pendeln folgen über 90 Pendeltafeln die viele Bereiche des Lebens abdecken.

In praxisorientierter Spiralbindung.
Mit Sonderteil: Entdecke Deine früheren Leben.

Gudrun Leyendecker
Kartenlegen für jedermann
ISBN 978-3-89575-108-0

Das Buch mit dessen Hilfe wirklich jeder einen Blick in die Zukunft werfen kann. Unzählige Legebeispiele, ausführliche Erläuterungen und eine kleine Psychologie im Kartenlegen.

Wir lernen Ereignisse unseres Lebens besser zu verstehen und finden in den Karten die Bestätigung unserer Intuition. 361 Seiten

Gudrun Leyendecker
Kartenlegen für die Partnerschaft
ISBN 978-3-89575-109-7

Glück in der Partnerschaft ist keine Selbstverständlichkeit. Das Buch zeigt neue Wege, dem Partnerschafts-Glück näher zu kommen.
Es bietet Möglichkeiten, Probleme zu lösen und gibt Anweisungen, wie man einen Blick in die Vergangenheit und in die Zukunft werfen kann.

Doch auch wer eine gute Ehe oder Partnerschaft führt, kann in diesem Buch noch Möglichkeiten finden, seine Partnerschaft zu verbessern. Mit vielen Beispielen. 186 Seiten

Dr. Joseph Murphy
Glück und Reichtum - ein Leben lang
ISBN 978-3-89575-055-7

Glück und Reichtum - sowohl innerlich als auch äußerlich müssen durchaus kein Wunschtraum sein. Der weltbekannte Lebenslehrer weist Ihnen hierzu den Weg. 88 Seiten

Aundh
Das Sonnengebet
ISBN 978-3-89575-096-0

Yoga- bzw. Körper- und Atemübungen, die jeder - egal welchen Alters - ausüben kann. Die Übungen beanspruchen nicht nur einen einzelnen Teil des Körpers, sie wirken auf jede Zelle und jede Sehne, verleihen neue Kraft und Harmonie. 96 Seiten

Mit bebildertem Faltblatt zum herausnehmen

Gaye Muir
Brücke zwischen den Welten
ISBN 978-3-89575-123-3

Gaye Muir ist international als kompetentes Medium anerkannt. Sie hat mit dem Arthur Findlay College sowie der Spiritualist Association zusammengearbeitet.

In beeindruckender Weise demonstriert sie seit Jahrzehnten ihre außergewöhnlichen medialen Fähigkeiten sowohl in ganz Europa als auch in den restlichen Ländern dieser Welt.

Gaye Muir erstattet über viele Aspekte der Medialitiät Bericht. Dies reicht von essentiellen Gesprächen mit ihrem Geistführer bis hin zu fundierten Ratschlägen für die Entwicklung Ihrer spirituellen Fähigkeiten. 255 Seiten

Sylvia Barbanell
Wenn Deine Tiere sterben
ISBN 978-3-89575-070-0

Was wird aus meinem Hund, meiner Katze und den anderen Tieren, wenn diese eines Tages sterben? Kann so viel Liebe und Treue ein für allemal ausgelöscht werden?

Sylvia Barbanell beantwortet all die vielen Fragen, die aus Zweifel über eine Weiterexistenz der Tierseelen entstanden sind. Mit einer Vielzahl ergreifender Erlebnisberichte. 256 Seiten

Marion Röbkes
Weisheit aus einer anderen Welt
ISBN 978-3-89575-113-4

Witch-Board, Oui-Ja-Brett, Hexenbrett sind nur einige der Bezeichnungen für dieses faszinierende Hilfsmittel zur Kontaktaufnahme mit der jenseitigen Welt. Die Autorin geht dieses brisante Thema mit der notwendigen Ernsthaftigkeit an und vermittelt Ihnen das notwendige Wissen. 96 Seiten

K.O. Schmidt
Die Götter des Sirius
ISBN 978-3-89575-063-2

Berichte von geistigen Kontakten mit den Wesen der Sirius-Welt. Von ihrem Aussehen, ihrem Leben, ihrer Evolution und ihren einstigen Raumfahrten.

K.O. Schmidt erlebte Visionen höher entwickelten kosmischen Lebens von unvorstellbarer Form und Machtfülle. 88 Seiten

Estelle Stead
Die blaue Insel
ISBN 978-3-89575-071-7

Ein faszinierender Bericht über das Weiterleben nach dem Tode. Estelle Stead erhielt auf medialem Wege aufrüttelnde Nachrichten. Das Buch gibt Antwort auf die Frage, ob bzw. in welcher Form es ein Weiterleben nach dem Tode gibt. 102 Seiten

„Ich habe selten ein Buch so voller Kraft und Zuversicht, geprägt von Weisheit und Vertrauen gelesen. Falls ich bisher noch Zweifel oder gar Angst vor dem Ende hatte, so sind diese einer freudigen Erwartung gewichen.

Das Leben hat für mich einen völlig neuen Sinn erhalten. Ich weiß nun nicht nur was mich erwartet, ich weiß vor allen Dingen nun wie ich mich in diesem Leben verhalten muß und welchen Sinn das Ganze hat.

Dieses Buch möchte ich nicht nur jenen ans Herz legen, die einen Verlust zu verarbeiten haben, sondern vor allen Dingen auch jenen die Gewissheit erlangen und neue Perspektiven für dieses Leben finden möchten.

Artha
Grüntenseestr. 30 c
D 87466 Oy-Mittelberg/Haslach

Bücher zum Lesen, Denken und Verändern